大本山 弘法寺
小田海光

癒やされて整う

空海さまの教え

きずな出版

はじめに――1000年の時を超えて

この本を手にとってくださって、ありがとうございます。

私は、小田海光《かいこう》と申します。

両親がつけてくれた名前は「恵理《えり》」で、結婚して小田恵理となりました。そして2年前、仏門に入ることを志して得度《とくど》し、「海光」という戒名《かいみょう》をいただきました。

「戒名」というのは、出家者が与えられる名前のことです。出家者が戒律《かいりつ》を守る誓いを立てることから「戒名」と呼ばれています。

仏教では、亡くなるというのは、仏門に入ることを意味しますので、亡くなった方にも戒名が授けられるのです。

得度とは仏門に入り、修行をする、いわば出発地点のようなものです。

武士の時代には、夫が亡くなると妻が出家するというのはめずらしくありませんでしたが、私が得度したのは夫に先立たれたからでも、離婚したからでもありません。

宗派にもよるかもしれませんが、私が得度した真言宗 弘法寺では、結婚することも、別の仕事を持つことも許されていますし、仏門に入ったからといって、俗世との縁を切ることも家を出ることもありません。

それで私も、結婚したまま、「小田恵理」と「海光」の二つの名前を持つことになったわけです。

私は得度と同時に剃髪《ていはつ》しましたが、弘法寺では剃髪の義務はありません。

その志があればいいのだと、私は解釈しています。

仏門に入るとは、悟《さと》りを開くことが目的ですが、得度したからといって、すぐにそうなれるわけではありません。だからこその修行があるわけです。

でも、それをいえば、仏門に入る入らないは関係なく、生きるということそのものが、悟りを開くための修行ともいえるのではないでしょうか。

新米尼《しんまいに》（女性の僧侶は尼《あま》といわれます）の私は、悟りの世界にはほど遠く、悩んだり、落ちこんだり、反対に舞い上がってしまったり、なかなか俗世と縁を切ることはできそうもありません。

そんな私を今、支えてくださるのが、空海さまの教えです。

◆空海さまのこと

空海さまは、いまから約1250年前、774（宝亀5）年に、現在の香川県、讃《さぬ》岐《き》の国でお生まれになりました。

幼名は「真魚《まお》」といい、15歳のときに、儒学者である叔父の阿刀大足《あとのおおたり》について学びました。18歳で、御仏《みほとけ》の道に目覚めて修行を始め、20歳で得度します。ちなみに、奈良時代は710年から、その後の平安時代は794年から始まりました。

空海さまが、その教えを『三教指帰《さんごうしいき》』という書物にまとめたのは、平安時代になったばかりの797年。空海さまが24歳のときでした。

『三教指帰』の序文には、室戸岬《むろとみさき》の洞窟で修行しているときに、口に明星が飛び込んできたことが書かれています。

そのとき、空海さまは悟りを開き、その瞬間に目にしたのが空と海だけだったことから、「空海」と名乗るようになったそうです。

私は、得度してすぐに、先輩のお坊さま方と室戸岬の洞窟に行く機会をいただきましたが、「この場所で空海さまが修行したのか……」と、なんとも言えない幸福感につつまれました。

さて、空海さまが、その後31歳で、留学僧として遣唐使船に乗って、古代中国「唐《とう》」に渡ったのは804年のことでした。

当時のことですから、それは大変なことで、幾多《いくた》の暴風雨に見舞われながらも、船は中国に漂着し、なんとか長安に上り、そこで正当な密教を継がれた第七祖、恵果和《けいかお》尚《しょう》に出会います。

恵果和尚さまは、初めて会われた空海さまに対して、「あなたが来るのをずっと待っていましたよ、ようやく会えましたね」と言葉をかけられたそうです。

そうして、空海さまは「遍照金剛《へんじょうこんごう》」の法号を授けられ、真言密教の第八祖となったのでした。

恵果和尚さまには千人ものお弟子さんがいたというのに、いきなり空海さまに継がせたのですから、そのすごさは計りしれません。

私は20歳のとき、たまたまご縁があり、空海さまが密教のすべてを学んだ長安の地を訪ねたことがありました。いま思うと、すでに不思議なご縁に導かれていたのかもしれません。

密教の師となった空海さまは806年に帰国し、時の天皇・嵯峨天皇に真言密教「真言宗」を開く許しを得ます。

空海さまが入定《にゅうじょう》されたのは、835年のことです。

「入定」というのは、仏教の言葉で、座禅を組み、無我の境地に入ることを意味します。現在も高野山では、空海さまは生きたまま世の中の幸せを祈りつづけてくださっているといわれています。

空海さまは、「弘法大師」と呼ばれることもありますが、「弘法」は、仏法を世間に広めることです。「大師」は、その死後、徳の高い僧だけに贈られた尊称です。

「弘法大師」の諡号《しごう》は、空海さまの、仏さまの教えを広めたご功績を讃《たた》えたものだということが、そのお名前だけでわかります。

◆癒やされて整う

「仏教なんて、難しそう」

「昔の教えって、いまに役立ちます?」

と思う方もいらっしゃるかもしれません。

たしかに、空海さまが当時に著《あらわ》された言葉を理解することは、難しそうです。

でも、その言葉の、本当の意味がわかると、心の中にスッと入ってくるのです。

それまでのザワザワした気持ちが落ち着いていきます。

よけいなことが取り払われて、文字通り、心が洗われたようになるのです。

子どものことや夫のこと、家族のこと、病気のこと、お金のことや人間関係のことで悩んでしまったときに、その言葉の意味が急に理解できる、ということもあります。

この本では、空海さまの言葉をご紹介しながら、私なりに考えたこと、思ったことを書いていきます。

「新米尼の私が、そんなことをしてもいいのか？」

「もっと、それをするのにふさわしい先生方はいくらでもいるのに」

と思いながら、

「でも、こんな私だからこそ、お伝えできることもあるのかもしれない」

と考えました。

いつも、明るく明るく生きてきました。

でも、そうしなければ生きてこられなかった、ということもありました。

人生100年時代、その半分をすぎた今だから、空海さまの教えが、ようやく、ほんの少しずつ理解できるようになりました。


人生は、厳しいもの？

だったとしても、

「自分しだいで楽しくできる」

ということを、お伝えできたらと願っています。

そのために大切なのは、まずは自分を癒やすことです。

がんばってきた自分を認めてあげることです。

それができたら、自分やまわりが整っていきます。

ぜひご一緒に、癒やされて整えていきませんか?
空海さまに導いていただきながら。

小田海光

もくじ

第1章

一切皆苦《いっさいかいく》 人生は思い通りにならない

第2章

求不得苦《ぐふとくく》 求めるものが手に入らない

第3章

如《にょ》実《じつ》知《ち》自《じ》心《しん》　あるがままに自らの心を知る

第4章

五《ご》蘊《うん》盛《じょう》苦《く》　コントロールできないもの

第5章

諸《しょ》行《ぎょう》無《む》常《じょう》 すべてはうつり変わるもの

第6章

諸《しょ》法《ほう》無《む》我《が》 すべてはつながりの中にある

第7章

三《さん》密《みつ》加《か》持《じ》

身体・言葉・心を仏と一体化する

第8章

涅《ね》槃《はん》寂《じゃく》静《じょう》

苦のない悟りの境地をめざす

第9章

即身成仏《そくしんじょうぶつ》　この身このままで仏になる

癒やされて整う空海さまの教え

第1章

一切皆苦《いっさいかいく》

人生は思い通りにならない

その苦しみは、永遠には続かない

冬の凍《こおり》、春に遭えば即《すなわ》ちそそぎ流《ながれ》る。

『三昧耶戒序』

季節がめぐるように、必ず厳しい冬も終わり、春がやってきます。そびえるように立ちはだかる雪や氷のかたまりも、春になって暖かくなれば、やがて溶けて、川のように流れていく。
空海さまの言葉は、それを私たちに教えています。
「どんなにつらくても、いずれ楽になっていきますよ」と励《はげ》ましてくださっています。

空海さまが開かれた真言宗は、仏教の宗派の一つです。

仏教の開祖であるお釈迦《しゃか》さまは2500年前、インドのシャカ族の王子として生まれました。

美しい妻ヤショーダラー姫とラーフラという息子、そして、何不自由ない生活を捨てて出家をします。

「四門出遊《しもんしゅつゆう》」という有名なエピソードがあります。

お釈迦さまが出かけようとしたとき、東の門で老人を見、南の門では病人を、西の門で死んでゆく人々を、そして北の門で出家者と出会い、人間とは、生きるとは何なのか深く悩んだ末、出家の決意をしたというのです。

その後、お釈迦さまは苦行を重ねた後のある日、川のほとりで瞑想《めいそう》しているときに、スジャータという娘の差し出した乳粥を飲み、その後、悟りを開かれたそうです。

さて、悟りを開かれて初めに説いた教えが「四諦《したい》の法門《ほうもん》」です。

四諦の法門

【苦諦《くたい》】人はもともと苦しむ存在である（四苦八苦）
【集諦《じったい》】その苦しみには原因がある
【滅諦《めったい》】すべての苦しみは心の持ち方により滅することができる
【道諦《どうたい》】苦しみを滅するための「道」がある（八正道）

「諦」というのは、辞書では「真実を曇りのない眼で見る」とあります。

望みを捨てる、現状を受け入れるという意味の「諦《あきら》める」にも「諦」が使われます。

人生はもともと苦しいものだと、私も身をもって体験してきました。

私には、生まれたときに顔半分近くあざがあり、幼稚園や小学校の同級生からは「お岩さん」「あざ」などと、それはそれはきつい言葉を浴びせられました。

また、自分に対してだけでなく、父や母が、「お子さんのあざ、どうしたのですか？」などと聞かれているのを見ると、いたたまれない思いになりました。

その原因は、わからない。原因がわからないから、どうなっていくのかもわからず、また、子どもが生まれたときに遺伝したらどうしようという不安にも苛《さいな》まれました。毎日がつらく、将来にも不安を抱える日々でしたが、両親は私以上に苦しかったと思います。

どんなに苦しくても親の前で泣くのはやめようと、幼心に思ったことを、いまでも覚えています。

父は人脈をつくることで、あざを治す名医と知り合い、この子を救うことができると思ってくれていたようです。

両親の必死の努力のおかげで、20歳のときにレーザー治療の第一人者の先生と出会うことができ、「太田母斑《ぼはん》」という病気であることがわかりました。

人間は不思議なもので、原因がわかると、これほど気持ちも晴れるものだということを、そのときに実感いたしました。

そのときになって、ようやく私は、両親の前で、それまでの20年間、我慢していた涙を流すことができました。あざは治っていないのに、心の中は、すでにそれだけで80パーセントくらいは楽になった感じがしました。

ただ、当時のレーザー治療は現在ほどは進んでいませんでした。

まずは、あざのある皮膚の部分にドライアイスを当てて焼き、凍傷を起こし、1か月近く包帯を巻きつづけ、皮を剥《む》き、そして皮膚の回復のためにレーザーを当てるという、それはそれは厳しいものでした。レーザー自体も針を突き刺すような痛さでした。しかも、それを何度も繰り返すのです。

55歳で得度したとき、正直、初めは、お寺の生まれでもなく、大学で仏道を学んだわけでもなく、厳しい修行を積んだわけでもなく、なんとなく他のお坊さまに引け目を感じたこともありましたが、私なりに、ある種の苦行をしてきていたなと、いまでは、この出来事があったからこその自信が持てます。

言い方を換えれば、あの体験がなかったら、いまの自分にはなっていないと思います。あのとき、小さな恵理ちゃんが自殺もせずに、がんばってくれたから、いまの私がある。そう思うと、自分自身が愛おしく、大切に思えます。剃髪しましたとき、頭にもあざがあったことに気づき、なんとも不思議な感じでした。

原因がわかれば、自《おの》ずとその解決方法も見つかります。

お悩み相談にいらっしゃる方のお話をよくよく聴いていますと、実は原因が初めの相談事とは少しズレていることがあります。

原因がわからなければ、その解決方法もわかりません。

苦しい状態から抜け出すには、その原因がどこにあるのかをしっかりと見つけることが大切です。

何か困ったことがあるとき、心がへこむとき、まずは、紙に困った出来事、苦しんでいる内容をどんどん書き出してみてください。

とにかく書き出してみると、自分の悩みの本質が見えてきます。

健康、病気などに関しては、いまや検索サイトで、すぐ調べることができます。

私もあざに悩んでいた頃、その原因と治療法がすぐにわかれば、あれほどに苦しまずにすんだのにな、と思ったりもします。

また、病気に関しては、医学は日々、ものすごい勢いで進歩しています。

現代では、たとえ赤ちゃんにあざがあっても、赤ちゃんのうちにレーザー治療で、きれいになるそうで、最近は、顔にあざのある人を見かけることはほとんどなくなりました。

生きていると、つらいこと、困難なこと、思い通りにならないこともあります。

そんなとき、冒頭の空海さまの言葉を思い出してください。

いまは大変ですが、春は必ず、めぐってきます。長く厳しかった冬が、嘘のように思える日が、きっと来ますよ。

悲しいときには泣いていい

哀《かな》しい哉、哀《かな》しい哉、復《また》哀しい哉。

悲しい哉、悲しい哉、重ねて悲しい哉。


『性霊集《しょうりょうしゅう》』


これは、空海さまが最も大切にしていたお弟子さんが亡くなったときの言葉です。

仏教には、輪廻転生《りんねてんしょう》の考え方があるのに、それでも別れは、空海さまのような方であっても悲しかったのでしょう。

そのお心に触れ、こちらまで、切ない思いになります。

決して心をごまかすのではなく、悲しい心と素直に向き合った言葉なのかな、とも思えます。

苦しすぎて、つらすぎて、悲しすぎて、寂しすぎて、わんわんと声をあげて泣きたいようなとき、涙をこらえている自分に気づいたとき、空海さまの言葉をつぶやいてみてください。

もしかしたら、空海さまは自分の悲しさだけでなく、現代の私たちの心をも救うために、この言葉を遺してくれたのかもしれません。


お釈迦さまの教えの一つ、「四諦の法門」の中の「苦諦」に「四苦八苦」があり、その中に「愛別離苦《あいべつりく》」（愛している人と別れる苦しみ）があります。

大切な方々がお亡くなりになる、また、生きていても、さまざまな理由から離れなくてはならない、遠く離れていなくても通い合っていた心が、何かのボタンのかけ違いからすれ違い、閉ざされてしまう。

そんなポカリと空いた心の虚《むな》しさ、嘆《なげ》きは、「時がたてば」と言われても、ふさぐことはできない。気をまぎらわせるようなことは不可能です。

そんなとき、この言葉をつぶやくと、心の底から涙があふれます。

その涙は、まるで心の中の苦しみを洗い流すように、からだの外に出してくれます。

もちろん一度泣いたとしても、その感情は波のように繰り返すことでしょう。

けれども、泣けない苦しさよりも、少しでも涙を流せたほうが、心が落ち着いていく気がします。

悲しいとき、つらいとき、心に蓋《ふた》をせずに、思いっきり泣きましょう。

あなたの悲しみが、少しでも軽くなりますように。

悩んで悩んで気づけることがある

もし恵眼《えげん》をもって之《これ》を観《かん》ずれば、
一切《いっさい》の衆生《しゅじょう》は皆これ我が親なり。

『教王経開題』

「恵眼《えげん》」とは、「知恵の眼」ということです。

知恵をもって物事を見ることができれば、世の中の生きとし生けるもの、すべての悩み、困難、苦しみも、親が子どもを導くように、私たちを導き、育ててくれる。

右の言葉は、そのように私たちに伝えています。

人生には、それこそ、いろいろなことがありますが、そのすべては、私たちを成長させてくれるものである、ということです。


何も問題がない人、悩みのない人など、そうはいないのではないでしょうか。

そして悩みの種類も悩み方も100人いれば100通り、しかも悩み始めれば、大小さまざまな悩みが尽きなくなるものです。

そもそも悩みとは、いったい何なのでしょう。

調べると、「精神的に苦痛・負担を感じること。そう感じさせるもの」とありました。具体的には、健康や仕事、金銭、容姿、人間関係、生きがいなどがあげられます。

たしかに自分の55年の人生をふり返ると、あれこれあれこれ悩んだなと思います。

けれども、ふり返って考えれば、その悩みがあり、苦しんだからこそ、いまの幸せに気がつく、ということもたくさんあります。

悩みも悩んだままでは、何かちょっと、もったいないなという気がいたします。

何か悩みや問題が生じたとき、それには「どんな学びがあるのか」「これによってどう成長できるのか」ということを考えてみましょう。

そう考えることが、「知恵をもって物事を見る」ということです。

女性からの相談で多いのが、「容姿」についてです。私自身は、あざがあったことで「とにかく笑おう！　とにかく明るくしよう！」と思っているうちに、メンタルの強さが生まれましたし、かなり陽気な性格にもなりました。

容姿に悩んでいる方には、

「なに言ってるの！　きれいな肌じゃない！

それだけでも羨《うらや》ましい！　十分に幸せじゃない？」

と、本心で励ませます。実体験に伴う励ましほど強力なものはない、と自負していますし、妙に納得して自信を持ってくれます。

悩んでいることにとらわれてしまうのではなく、この悩みがあったからこそ、自分を輝かせることができる。これが空海さまの教えです。

私は以前、7年くらい嗅覚障がいがあったのですが、いろいろな方々のアドバイスや施術のおかげで、いまは治っています。

治療中は、毎日のように、「匂いがわかるようになりますように」と神仏に祈っていました。嗅覚障がいで苦しんだからこそ、いまでは朝起きたとき、匂いがわかるだけでもものすごく、ハッピーな気分になります。匂いがわかるだけでパラダイスなのです。

嗅覚のある人は「そんなことくらい」と思うかもしれませんが、匂いのない世界は、それはそれは虚しいものです。

フレーバーのアイスはすべてバニラ味にしか思えないし、季節の移り変わりの花の香りも、お食事も、出汁《だし》の香りがわからなければ美味《おい》しさも半減します。

自分の使う洗剤やクリームの香りも、まったくわからない。

それどころか、ガスの匂いもわからないのですから、もし近くでガス漏れや火事があっても気がつかず、危険も伴います。

そんな7年でしたので、いまは朝起きて、歯磨き粉の匂いや、洗濯物の匂い、コーヒーの香り……それがわかるだけで、幸せを感じられるのです。

匂いのない惑星から来た宇宙人のようです。

嗅覚障がいがなければ、それはごく当たり前のことで、そこにこれほどの幸せを感じることはできなかったと思います。悩みや試練には、実は天が私たちを成長させるための、ヒントが隠されているのではないかなと思うのです。

病気になった友人が、「いままで、人一倍健康や食に気をつけていたのに、なぜ病気になったのだろう」と嘆いていましたが、その方は、いつも誰か人のために、がんばっていました。それ自体は素晴らしいことですが、からだは無理をしすぎていたのでしょう。彼女には休息が必要だったのです。

病気になって、ようやく休息をとることができたわけです。「本当に大切なことは何なのか?」と、自分と向き合える時間が持てたのでした。

その後、彼女は生活習慣を見直して、いまはとても元気そうです。

育児のことで悩んでいる方もいます。

反抗期を迎えた子どもに、どうしていいかわからずに困っている方が多いのですが、私は、子どもの反抗期は、親を成長させるための通過点だと考えています。

どんなことでも、大きな成長を遂《と》げるときには、なにがしかの痛みが伴うものです。子どもも親も、一緒に成長できると思えば、少し気が楽になってきませんか？

悩みがあるとき、「困ったな」と思うとき、そこには天からのメッセージが隠されていると思って、立ちどまってみてください。

天は私たちの応援団ですから、決して意地悪はしません。私たちが成長できるように、「悩み」という形のサインを送ってくれているのです。

悩みを乗り越えたとき、私たちはまた一つ、成長できるのです。

それでも必ず、春は来る

禿《かぶろ》なる樹、定《さだ》んで禿なるに非ず。
春に遇《あ》うときは、すなわち栄《さか》え華さく。
『秘《ひ》蔵《ぞう》宝《ほう》鑰《やく》』

枯れ木や枯れた山肌も、永遠に枯れているわけではありません。春になれば花をつけ、青々と生《お》い茂ります。

いまの自分には何もない、と思うことがあっても、ずっとそのままということはないはずです。「どうせ自分には何もない」と思うのではなく、春に花を咲かせるために今このときを過ごしているのだと考えて、できることをやっていきましょう。

ある方のご自宅に伺ったときのこと、たまたま、盆栽師の方が盆栽のお届けにいらっしゃいました。

見たところ、失礼ながら、とても美しいとは言えない枯れた枝で、何も言われなければ捨ててしまうようなものでした。

しかし聴けば、とても大切にされているもので、春になれば葉をつけ、見事な盆栽になるとのことでした。

このときに、枯れ木や、枯れ果てた山も、やがて春が来れば芽吹くという空海さまの言葉を思い出しました。

生きていると、さまざまな困難や、思いがけない、つらいこともあるでしょう。

「それでも必ず春は来る」

そう信じ、イヤな出来事も、学びのチャンスと捉《とら》えたいものです。

いま現在、大変な思いをされている方がたくさんいらっしゃると思いますが、本当の幸せとは何かを見つめる、大切なときなのかもしれません。

幸せの価値観は、昔と今とではガラリと変わりました。

一昔前は、幸せのハードルの高さが、皆同じだったような気がします。

同じようなハードルを少しでも高く飛べた人が幸せで、そうでない人は不幸せ。

私が生まれるほんの少し前は、「三種の神器」（冷蔵庫、洗濯機、テレビ）があれば幸せという時代でした。

私が結婚する頃は「三高」（高学歴、高収入、高身長）と結婚するのが幸せ、というバブル真っ只中。ほんの少し前まで、幸せの基準は、物質的であったように思います。

バブル時代もそうですが、10年くらい前にSNSが広まった頃は、いかに素敵な洋服を着て、ブランド品を持って、高級なレストランでお食事をするか……ということを競うように近況をあげていました。

しかし、コロナ禍を経て、世の中は一変しました。

当たり前に会っていた家族や友人とは会えなくなり、当たり前に通っていた学校で学ぶことも遊ぶこともできない。普通であったことが普通でなくなる体験をしたことにより、いかに普通であることが幸せか、大切な人とのかけがえのない時間がいかに尊いかということに人類が気づき始めたのではないかなと思います。

ＡＩの急速な進化で、都会でなくても地方にいても、家でも仕事ができるようになりました。あまり行きたくない誘いはしっかり断れる。しがらみや、おつき合いから少し解放されたのではないでしょうか。

見栄を張る必要も、もはやありません。いまこそ、自分らしい普通の生活の中に喜びを見つけることのできる時代がスタートした、そんな感じがするのです。

そう考えると、いつもいつも花が咲いているときばかりがいいわけではないと思えてきませんか。

枯れているように見える盆栽が春になって芽を出すことを楽しみに待つように、しっかり、学びという名の栄養を、つらいときこそ与えたいものです。

枯れてしまっていることを嘆くよりも、やがて芽の出るときを思い、いまのうちにできる準備をしっかりとすることが大切だなと思います。

空海さまの教えは、希望の光を見出して、私たちに勇気を与えてくださいます。

いまだけを見るのではなく、「未来の幸福」を見ることで、希望が持てます。

クヨクヨしてしまいがちな今も、希望が持てれば、イキイキと楽しみをもって生きることができるようになります。

第2章

求《ぐ》不《ふ》得《とく》苦《く》

求めるものが手に入らない

思い通りにいかない理由は自分自身にある

水外《みずげ》に波なし、心内《しんない》すなわち境《きょう》なり。

『吽字義《うんじぎ》』

思い通りにいかないとき、問題が生じたとき、その理由は外ではなく、自分自身の中にある、と空海さまは言われています。

うまくいかないことがあると、相手のせいにしたり、自分のまわり、境遇や環境が悪いためだと考えたりしてしまいがちです。

でも、「波」つまり問題は、外つまり相手にあるのではなく、自分の心にこそ、それがあるのだという教えです。

こちらの気持ちがちゃんと伝わらなかったり、人間関係がなんともスッキリしなかったり、プロジェクトがうまく進まなかったり、誰かとケンカになったり、というのは、誰にでもあることです。

悲しみや怒り、憤《いきどお》りがこみあげてきたり、もっと漠然とした形で、なんとなくイライラする、モヤモヤする、というような気持ちになることもあるでしょう。

自分の気持ちを整理できず、なんとも不甲斐ない思いを感じることもあるかもしれません。

そんなときは、

「世の中が悪い？」

「会社が悪い？」

「あいつが悪い？」

と思いたくなりますが、そう思っているうちは、何も変わりません。

まずは「心内」、自分の心の中を冷静に見つめてみましょう。
そして、いまの行動を点検、整理してみるのです。

□「お金のためだけにやっていないか」
□「人からの評価を得たいためだけにやっていないか」
□「まわりの人への苛立ちからやっていないか」
□「それを進めたい理由は？」
□「それをすることが、どのように世の中に役立つか」
□「それによって誰が喜ぶのか」
□「自分でなくてもいいことなのではないか」
□「本当に自分がやりたいことなのか」
□「それをすることで幸せな気持ちになれるのか」

自分が本当に望んでいる状態は、どのようなものなのか、ということを、もう一度考えてみましょう。

そうして見たときに、不思議なことに気づきました。

決して、うまくいっていないわけではなく、傍から見れば、うまくいっているようなことでも、なんとなく自分では心から喜べていないことがあったのです。

自分が本当に望んでいることができていないと、たとえ、それがうまくいっても、本当の幸せを感じることはできない。

外には「波」は立っていないのに、自分の中には波が立つのです。

自分の心に立つ波をしずめること。それを今、することです。

正直に、素直に

良工は、その木を屈《くっ》せずして廈《いえ》を構《かま》う。

『性霊集』

「廈」は大きな建物という意味です。右の言葉は、腕のよい職人は、木を曲げたりせずに、本来の特徴、持ち味を生かして、それを建てるのだとおっしゃっておられます。人が生きていくためには、「その人らしさ」が何よりも大切なのだ、というのが空海さまが伝えてくださっていることです。

自分の持ち味を生かし、相手の持ち味を生かす。そうして人間関係はできていきます。相手を、自分の思い通りに曲げようとしても、うまくいきません。木を無理に曲げれば、はね返されたり、折れたりしてしまうでしょう。人間も人間関係も同じだと教えてくださっているのです。

以前、私が体調を崩したときに、「食べ物を持ってお見舞いに行きたいけれど、人に会いたくないでしょうし、今回はご遠慮します」というメールをくださった方がいました。

実は、そのとき私は、外に出られないので誰かとお話ししたいし、お腹が空いているのに買い物も行けないので食べ物を持ってきてくれたら大歓迎なのでした。けれども、私自身も遠慮があり、「来てほしい」とは言えませんでした。いま思えば正直な関係が築けていなかったように思います。

時おり、人間関係のお悩み相談をされることもあります。

ある女性は、素敵な男性をデートに誘いたくても、「もしかしたら忙しいかもしれない」「迷惑かもしれない」と思って、デートに誘えないと言うのです。

ご自身がどなたかから誘われたときには、あまり行きたくなくても、実は忙しくても、その場所が行きたい場所でなくても、相手が会いたい人でなくても、笑顔で、「行きます！」と言ってしまう、ということでした。

また、別の女性は、趣味の手芸をしなくなったので、たくさんのビーズや布やお道具が余ってしまい、片づけられなくて困っていると言います。聴けば、手芸をしている人なら誰でも欲しくなるような品々です。ところが、その方、人に「あげます」と言えないらしいのです。さらにお話を聴いてみると、この方は人から、お野菜やお洋服をあげると言われると、本当は欲しくないのに、「嬉しい」と言って、もらってしまうということでした。

どちらの女性も、相手を傷つけたくないという思いから断ることができず、相手の心を考えすぎて、本来の自分が望む行動ができていません。

私にも昔は、彼女たちと似ているところがありました。

けれども、いまの私は、行きたくないところには行きません。

会いたくない人には出来るだけ会いません。

人の悪口や愚痴が始まり、つまらなくなると帰ります。

苦手なことは断り、得意で楽しいことには積極的です。

欲しくないときは拒否し、欲しいときには遠慮したりはしません。

自分勝手なようでも、自分に素直に、シンプルに行動すると決めました。

結果的に、そのほうが人に助けてもらいやすく、また、自分でも人を助けられる。

そうなることが多いように感じます。

人の感覚、価値観は、人それぞれまったく違います。それぞれがもっと正直に、素直に、自分を出すことで、相手との関係も変わっていく。自然と気の合う仲間が増えていくように思うのです。

あなたは、あなたらしく

自宝《じほう》を知らず狂迷《きょうめい》を覚《かく》と謂《おも》えり、愚に非《あら》ずして何ぞ。

『秘蔵宝鑰』


自分にあるはずの宝に気づかず、迷い、悩むことほど愚かなことはありません。

あなたの心の中に宝は、すでにある。

それを知ることが大切だ、と空海さまは言われています。

「私には何もない」「特別な才能なんてない」と考える人は多いでしょう。けれども、誰にも「宝」――その人だからこその才能、持ち味があるのです。

あなたが、あなた自身の宝を知ること。それができれば、迷いも消えていくでしょう。自分らしく生きるということが、楽にできるようになります。

人は日々、悩みます。そして、その悩みの半分くらいの原因は、人と比べることから始まっているように思います。

「こんなにがんばっているのに、あの人より評価されない」

「あの人は友達に囲まれて、華やかで羨ましい」

「あの人に比べて私は、まだ何も芽が出ていない」

などなど。意外にも優秀で学歴があって美人——そんな人ほど、悩みが深かったりもします。

そもそも、これまでの世の中の教育は、偏差値が高い人が素晴らしく、偏差値の低い人はダメ人間。高学歴の人は素晴らしく、学歴がないとダメ人間とレッテルを貼られていました。しかし時代が変わり、どうも、そうではないなと世の中全体が変化してきているように思います。

いい会社に就職すれば一生安泰、というわけではなくなり、少し前まで存在しなかった職業で活躍している方も多くいます。

個性が認められ、性別による差別も少なくなってきています。

私のように少々変わったタイプの人間には有り難い、居心地のいい時代になりました。

私自身は3歳まで言葉が出ず、やっと話せても、「さしすせそ」が「チャチチュチェチョ」になってしまう。足が短く、歩けばすぐ転び、鼻を垂らし、「出かけるから着替えなさい」と言われると、緑と黄色の縞々のベストに花柄のスカートとへんてこりんな格好がお気に入りの、かなり残念な子どもだったようです。

でも、そのおかげで（？）少しでも何かできると、両親はものすごく喜んで褒めてくれました。そんなわけで、誰かと比べて叱られるということもなく、「恵理は変わっている」と思われながらも、両親は私の全部を受け入れてくれました。

また、私の通った高校、大学も、個性を尊重してくれる校風が当時からあり、高校のときは剣道と油絵に励み、大学は大好きな油絵を専攻しました。もしも、誰かと比べるような、偏差値的な勉強をして、それで進む道を選んでいたら、自分らしい生き方ができなかったのではないかと思うことがあります。

「バラはバラ、百合は百合、たんぽぽはたんぽぽ、桜は桜の咲き方があるよ」

そんなふうに考え、自分を励ましてきました。

他の方から悩みを相談されるときも、それをお伝えすることが多いです。

満開の桜を見て、羨ましがってても仕方ないのです。

また、芋虫が蝶になるように、見事に変容することもありますが、おたまじゃくしは蛙《かえる》になりますが、蝶にはなりません。

あなたは、あなたの人生を生きてください。そして、「自分らしさ」を見つけた後は、しっかりと、その芽を育てることです。

同じひまわりでも、大きく咲くものもあれば、ひょろひょろしているものもあります。自分の花を、自分の花らしく咲かせることが大切なのです。

そのために、太陽の光を浴びて、肥料と水を与える。

太陽の光は、仏さまからのお恵みです。

恵みを受けるには、上を向いて満面《まんめん》の笑みでいることです。

肥料や水は、人からの学びです。

常に学びつづける素直な姿勢が、美しい花を咲かせます。

あなたが、あなたらしく生きるとき、あなたにしかない「宝」が神々しく輝きだすのです。

「宝」は、あなたの中にあるのです。

それに気づかず、他の人の宝を見て、羨ましがっているのでは、せっかく生まれてきたあなたという存在が、もったいない。

あなたは、あなた自身が、大切な、大切な宝なのです。

出会うか、出会わないか

遇《あ》うと遇わざると、何ぞそれ遼《はる》かなる哉《や》。

『性霊集』


出会いによって、人生は大きく変わります。

ほんの一瞬の出会い、たった一人との出会い。

なにげない一言、ふとした出来事。

それがあるかどうかで、あなたの行くべき道、たどり着く場所には、遙かな違いがある、というのが、空海さまの教えです。

あなたは、何に出会いましたか？

私が得度した弘法寺には、油絵の仏画が50点以上、展示されています。

それらの仏画は、一人の方によって描かれたものです。

一人の絵師による仏画が、これほど多く掛けられているお寺は見たことがありません。

お寺というよりは、仏画美術館のようで、絵の前で足をとめられる方も多く、思わず手を合わせてしまう。私もその一人であることは言うまでもありません。

実は、その絵師とは、弘法寺の管長、小田全眞の母で、私には義母になります。

主人がお寺の管長になると聞いたときには、本当に驚きましたが、その一方で、妙に納得している自分がいました。

人づくりや教育に生涯をかけてきた主人の生き方、考え方はよく知っていましたから、それと仏道にまったく違和感を覚えることはありませんでした。むしろ、ここにたどり着くために今まではあったのかと思ったほどでした。

そして私も、主人に勧《すす》められたり、逆に反対されたりすることなく、自然に得度の道に進むことができました。

ところで義母は、プロの絵師ではありません。もちろん仏画師でもありません。ただ自分の思うままに描いて、それで30年前に一度だけ、仏画展を開いたことがありました。その後、義母の描いた絵は、日本全国のあちこちにそれぞれお嫁入りをしていましたが、主人が弘法寺の管長になったことを知った多くの方たちが、「それならば」と、お寺に寄贈してくださり、それこそ30年ぶりに集められたわけです。

初めて弘法寺に来て、絵を見た方たちからは、

「ここに飾るために描かれたものですね」

と言われることが多いのですが、そう思われるのも無理がないほど、その場所にあるべきものとして、それがあるのです。少なくとも、私には、そう思えます。

思えば主人と出会ったのは、義母が仏画の個展を開催されたときでした。

そして初めて、結婚する人のご両親にご挨拶したのも、この仏画の前だったのです。

それこそ時空を超えて、絵も、私も、今ここにいる。そんな思いにかられます。

２０２２年5月、30年ぶりに絵が揃ったので、義母が滋賀県から絵を見に来てくれました。車椅子での来訪は、義母のからだには負担をかけたかもしれませんが、絵たち、仏さまたちとの再会をとても喜んでくれました。

その日、私は初めて剃髪姿で会いましたが、それからちょうど2か月後、眠るように95年の天寿を全うして、光の国へと旅立ちました。

なんだか、義母が描いた絵に導かれて結婚して、ようやく仏道へと進んだ私を見届けてくれたかのようにも思います。

もともと弘法寺は、高野山にあったお寺を、一人の尼さんが東京の三田に移設したといわれていますが、もしかしたら義母は、「その尼さんの生まれ変わりだったのかもしれない」と空想したりします。

人は、さまざまなご縁により導かれます。

素晴らしい方と出会えば、素晴らしい人生を歩むことでしょう。

自分のことをふり返っても、その通りだったと私は納得できるのです。

私が得度したのは、主人が弘法寺の管長になったのがきっかけでしたが、なぜ主人が弘法寺の管長になったのかといえば、弘法寺代表役員で、映画「おくりびと」の所作指導もされた納棺師、木村真裕《しんゆう》さんとの出会いによるものです。

木村さんとの出会いがなかったら、主人がお寺の管長になることはなかったし、私も得度することはなかったでしょう。義母は木村さんに、大切に、大切に納棺していただきました。そうしたことはたまたまそうなったというより、こうなるために、一つひとつの出会いがあったとも思えます。

「運命」は、命を運ぶと書きますが、それを動かすのが「出会い」なのかもしれません。人との出会い、言葉との出会い……出会いもまたさまざまですが、あなたにも、きっと運命を変える出会いがあるはずです。

第3章

如実知自心《にょじつちじしん》

あるがままに自らの心を知る

それぞれの役目、それぞれの才能がある

舟車《しゅうしゃ》、用別に文武才《ぶんぶのさい》異なり。　『性霊集』

舟には舟の役目があり、車には車の役目があります。

文官とは事務官や技官を指し、武官は軍人などを指しますが、それぞれ違った才能があるのです。

自分にしかできない役割を全うしましょう。

幸せは、その人がその人らしくいられる環境や仕事、仲間との関わりの中にある。

空海さまは、それを教えてくださっています。

何かを始めるときに、前に進むために、まずは自分を知りましょう。

ほんの少し前、学校へ行かない子どもは「登校拒否」となって、両親は頭を抱え、学校でも大問題、その子に未来はないという時代もありました。

いまはインターネットを活用して、情報が簡単に手に入るようになりました。家にいても、世界の情報を広く知ることもでき、それによって、天才的能力を発揮している人も急激に増えたように思います。

なにも家賃の高い都会にいなくても、情報が集まれば仕事もできる。住む場所の選択肢も広がりました。

私たちは、より自由を手に入れることができたのです。

これまでのようにしっかり勉強したい人は勉強すればいいし、他の分野に興味がある人は、これまでにない職業を新たに生み出すこともできます。

これからの時代ますます、空海さまのおっしゃるところの「自分らしさ」「適材適所」が鍵を握ると思います。

もしかしたら、1250年の時を経て、空海さまが最も望んだ時代が今、ということなのかもしれません。

そこで大切になってくるのは、「自分を知る」ということではないでしょうか。

よく、

「私は何の取り柄《え》もありません、どうしたらいいでしょう?」

という人がいます。

しかし、その人が当たり前と思っていることは、別の人から見たらものすごい才能だったりするのです。

まずは、自分の才能に気がつくことが大事です。

私自身は、料理が得意です。それも立派な料理より、ありあわせのものでつくる創作料理。それで、冷凍庫や冷蔵庫がスッキリすることに喜びを感じるのです。

また、人前で話したり歌ったりすることも大好きです。

社交性もありますが、一人でコツコツ料理をする時間も幸せです。

以前友人が主催するお餅つき大会で130人分の豚汁をつくりましたが、夜中にキッチンで「楽しい！」と思わず叫んでいました。

お茶やお茶菓子を出したり、人をお招きして、おもてなしをすることも大好きです。

昔から将来は着物と足袋で過ごしたいなと思っていたので、改良服（略式の法衣）を着たお坊さん姿の自分はとてもしっくり来ます。

人のいいところを見つけるのが得意なので、カラオケの先生や、おもてなし料理の先生もしております。

洗濯物をたたんだり、アイロンをかけたり、家事をするのも好きです。

お悩み相談に応《こた》えるのも大好きです。

その方のお悩みが解決したときの晴れやかなお顔を見るのが嬉しいのと、不思議と、それは自分自身にリンクしていて、自分の心も晴れるからです。

また、ナンバー1で何かをするより、ナンバー2的なポジションがしっくり来ます。

一方で、苦手なこともたくさんあります。

パソコンは開くことも電源をつけることもできません。

請求書や領収書を出してと言われると、1時間くらい苦しみます。

機械が大嫌いなので、FAXを出すくらいならいっそ歩いて届けたいくらいです。

手続きが大嫌いなので、クレジットカードを持ち歩くこともなく、スマホから、ネット書店などに発注したり、チケット予約をしたり、ということもできないアナログ人間です。

私からすれば、皆さんが、普通にしていることはものすごく素晴らしく、天才に見えるのです。

苦手なこともはっきりしているので、

「助けて」

「手伝って」

「お願い」

を素直に大連発できます。

結果的に、おかげさまで、才能のある心優しき人々に囲まれて、最高に、最強に、自分らしくいられます。

あなたは何ができますか？

あなたは何が得意ですか？

どんな服装で過ごすことが心地よいですか？

何をしているときがワクワク楽しいですか？

あなた自身のことを、まずはリストアップしてみてください。

個性を使い分けて活用する

刻鏤《こくろう》、用に随《したが》って刀《とう》を改《あらた》む。

『性霊集』

自分の個性や特技、才能は、まさにさまざまな種類の彫刻刀のようです。
彫刻刀は、文字通り、彫刻や版画など、主に木材を切削《せっさく》するのに用いられますが、どんな彫りをするかで、「平刀」や「小刀」「丸刀」「三角刀」などなど、いろいろな種類があります。
同じ彫りでも、どの彫刻刀を使うかで、比較的容易にできるものもあれば、どんなに腕のよい職人がやっても、それを使ってはうまくいかない彫刻刀もあります。

一つの彫刻を彫るとき、それぞれの彫刻刀の特徴を知って使い分けることが大切ですが、人も同じで、せっかくある個性を、その時々に合わせて、大いに活用していきましょう。逆に言えば、その個性を生かせないような使い方をしてしまうと、個性が無駄になってしまうこともあります。

そのことを覚えておきましょう。

何かのプロジェクトを進めたり、日々の生活を円滑に運んだりする知恵として、お互いの才能を持ち寄ることは互いにとって幸せなことです。

自分一人の力には限界がありますが、まさに「三人寄れば文殊《もんじゅ》の知恵」。素直にお互いの個性でフォローし合うと人生はまた、有り難く、楽で楽しくなります。

以前、女性のための勉強会を開いたとき、参加者の皆さんに、いま困っていることを、小さなことでもいいから発表してもらいました。そのときに、その困っている人を手伝える人に手をあげてもらいました。

手伝える人が一人もいない、という困りごとはありませんでした。
自分一人では、「どうしようもない」と思えることでも、「助け」は見つかるものだ、という証明にはならないでしょうか？

困りごとは、小さくても、日々の生活のノイズになりますから、できることならすぐに解決したほうがいい。でも、自分だけでは、なかなか解決できないことというのは、結構ありますよね。

Aさんは年賀状の整理ができず、「やらなきゃ」という思いが、いつも小さなノイズになっていました。

Bさんは落語のチケットを持っていて、誰かと一緒に行きたいけれども、人を誘うのが苦手です。

聞けば、Aさんは落語を聴くのが好きで、Bさんは、以前に郵便局でアルバイトをしたことがあり、仕分け作業が得意だということがわかりました。

結果、AさんはBさんに年賀状を整理してもらい、BさんはAさんと落語に行き、めでたしめでたし、となったのでした。

些細な出来事のように見えますが、日々の生活は、こうしたことの積み重ねなのかもしれません。しっかりと個性、特徴、才能、特技を、お互いが理解して助け合えば、案外スムーズに進むようです。

プロジェクトがうまく進まなかったり、チームがギクシャクしたりするときは、それぞれの役割を見直すことも大切です。

あなたは、自分の彫刻刀を間違った使い方をしていませんか？

自分が持っているものだけで、ウンウンがんばりすぎてはいませんか？

せっかく持っているものをしまいこんでいないでしょうか？

言い訳はしない

迷悟《めいご》我に在れば、発心《ほっしん》すれば即ち到る。

『般若心経秘鍵』

迷ったり悩んだり、言い訳をしたりする前に、「まずやってみましょう」というのが、空海さまからのメッセージです。

1250年たった今も、時を超えて生き方の基本的ルールは、変わりません。

人は知らず識《し》らずのうちに、自分の生活習慣が、口ぐせとなって表れます。

口ぐせは、その人の生き方にも反映されます。

我が家にはたくさんのお客様がいらっしゃいますが、仕事が順調な方、人生を謳歌《おうか》している方が、まず使わない言葉があります。

それは「そのうちに」「機会があれば」「チャンスがあれば」という言葉です。

何かお誘いをしたとき、彼らは興味がなければ、その場で断ります。

また、興味があることに対しては、どんなに忙しくとも、すぐに手帳を開き、調整するのです。

逆に、なんだか人生に彷徨《さまよ》っている方の口ぐせは、まさに「そのうちに」「機会があれば」「チャンスがあれば」です。

さらに、時間があれば、お金があれば、家族の理解があればと延々と続きます。

おそらく、機会も、チャンスもその方にめぐってくることはないと思います。

以前、学生の頃からの仲間で、「久しぶりに食事に行こう」と盛り上がりました。

そのうちの一人が、数年前までは、「子どもがいるので、夜は出られない」と言っていました。けれども時がたって、子どもも大きくなって、いまなら時間ができたかなと思っていたら、こんどは「犬を飼っているので夜は出られない」と言うのです。決して参加したくないと思っているようではないのですが、それが彼女の選択です。

子どもがいても、犬を飼っていても、外に出る人は出るし、出ない人は出ない。どちらがいい悪いではなく、本当に出かけない理由、逆に言えば、出かける理由はそれぞれ別にある、ということかもしれません。

考えてみれば、私も以前はそうでした。

旅行に誘われても、「子どもがいますから」「主人に留守番をお願いできないので」と断っていました。

あるとき、「本当は行きたくなくて、お子さんやご主人を行きたくない理由に使ってるんじゃない？」と言われたことがあって、ハッとしました。

たしかに、そのときの私は、旅行には行きたいと思いながら、なんとなく、その勇気がなかったのです。あるとき、「本当に行きたい」と思う集まりがあって、主人や娘に聞いたところ、「どうぞどうぞ」と送り出してくれました。

「なにか、失敗してしまうんじゃないか」

「そんなことをしたら、わがままだと思われるんじゃないか」

そんな「恐れ」を抱えて、その一歩を踏み出せないことがあります。

当時の私が、まさにそうでした。

でも、ものすごいスピードで時代が変化している今は、迷ったり悩んだりしている時間はありません。進みたいと思ったら、迷わず、悩まず、まずやってみる。

思いきって、自分に挑戦してみることをオススメします。

一方で、踏み出さない勇気というのもあります。

本当はしたくないことを、人に合わせたり、「世間体」というものを気にしたりして、「断れない」という人もいるでしょう。

何でも前へ、がんがん進んでいくのがいいと思われていた時代から、自分の感性を大事にしていいという時代に変わってきました。

一気に駆け上がらなくても、自分のペースで進んでいくのでいいのです。

じっくり、ゆっくり進みたい方は、そのように。何事にもとらわれず、心の思うまま、心地よい状態でいることがすべて、といっても過言ではありません。

第4章

五《ご》蘊《うん》盛《じょう》苦《く》

コントロールできないもの

終わりは必ず、ある

始めあれば終わりあり。生ある者は死あり。

合会《あわせ》は離るることあり。良に以《もって》あるかな。


『性霊集』


何事も、スタートすれば、いつかはゴールを迎えます。

どんな人も、必ず死を迎えます。

いつも一緒にいた人と、いつのまにか距離ができて、離れ離れになることもあります。離れた人と、また出会うこともあります。

それらの一つひとつに、原因や反省を求めるのではなく、「これも良し」として考えることも大切だと、空海さまは伝えています。

得度した夜、乳がんを発見しました。

がんになったことで、病や死に対する考え方がガラリと変わりました。

人間は必ず死にます。病気にもなります。

仮に自分がならなかったとしても、大切な方が病になることもあります。

もし、病や死を悲しい不幸な出来事とするならば、人間は全員が不幸な人になってしまいます。

自分自身が乳がんになり、初めて自分が死ぬということを考えました。

がんと告知され、手術を受け入院している流れの中で、「みんな最後は死ぬわけだから、病でさえも、楽しめるところは楽しんだほうがいい」と、急にすべてが面白く見えてきました。乳がんになったことで、本当にたくさんの皆さまにお祈りいただき、たくさんの学びをいただきました。

尼さんになる本気の決心もでき、そして何よりも、自分が体験したことにより皆さまへ本気のメッセージや励ましの言葉を出せるようになりました。

だからと言って病になってオッケーというわけではありませんが、なってしまったからには、それさえも一つの体験として、自分を成長させ、またその体験を通してどなたかを救いたいと思います。


得度の夜に、いよいよ夢にまで見た剃髪。

得度とは、ここからお坊さんとして仏道を学びますよというスタート地点のようなもので、お寺に生まれた子どもは、小学生でも受ける方がいらっしゃるようです。

前日からの緊張と、朝からの儀式で一日中飲まず食わずでしたので、夜の直会《なおらい》で、その緊張も解け暴飲暴食。

そうしたところ、その夜、気持ちが悪くなり、お腹に激痛が走りました。そこで、習いたての薬師如来さまの真言、

「オンコロコロ　センダリ　マトウギ　ソワカ」

と唱えながら、胃や胸のあたりをさすりました。

そうしましたら、胸にころりと真珠の玉のようなものが見つかりました。

それが、乳がんだったわけです（セルフチェック、そして検査を受けることは本当に大切ですよ！）。

修行を始め、しばらくして、「得度のときは剃髪しよう！」と心に決めた6か月ほど前。ふと、「剃髪したら、がんになったときに何かと便利だな」という気持ちが一瞬、頭をよぎりました。不思議とそれは、深刻なイヤな予感ではなく、まさに「便利」という単純なものでした。

そんなわけで、「あ、これは乳がんに間違いない！」と、すぐにわかりました。次の日、信頼して家族ぐるみでお世話になっているお医者さまに、「たぶん、がんだと思うので、診察をお願いします」と、お電話しました。

がんと診断されたときは、悲しみは一つもありませんでした。

いままで、病気になった方々の相談に乗ったり、励ましたりしてきましたが、常に、自分が体験していないことを、こんなふうな励まし方をしていいのか、ということがありました。だから、病名を聞いたときは、とても素直に、「これからは、ちゃんと悩める人を励ませる」と、少し幸せな気持ちになりました。

娘がずっとそばにいてくれたことも、心強く、幸せが込み上げてきました。

たった一つ、両親や大切な人たちに心配をかけてしまうことだけは申し訳ないと思いましたが、「だからこそ、手術や治療をして元気になる！　それしかない」と腹を括《くく》りました。

さらに一つ、いいことがありました。

実は得度するとは両親に伝えたものの、剃髪したことを父にだけは言えず、実家に行くときにはウイッグをつけておりました。

父は、「その髪型、似合うな」と言ったりして、気づいていないようでしたが、私としては、少し後ろめたい気持ちでおりました。

乳がんになったことを話すと、有り難いことに母は気丈《きじょう》にしてくれましたが、父には号泣されて、本当に申し訳なく思いました。けれども、

「これからは、抗がん剤の副作用で髪も抜けるようなのですが、実は得度したときに剃髪したので、もう髪の毛はないから平気なのです」

と、乳がんのどさくさにまぎれて、剃髪も告白。

父も母も、泣きながらも笑ってくれて、どんより落ち込んだ空気が、一気に明るくなりました。笑ってくれた両親に、私はどれだけ救われたかは言うまでもありません。

生まれた命は必ず、死を迎えます。

「いまを大切に」「いま、こうして出会えていることを大切にしよう」という空海さまのメッセージは、だからこそです。

病気になったからといって、その時間をつらく悲しい時間にしてしまっては、せっかくの人生が、もったいないように思います。

見る角度を変えてみなさい

法海《ほうかい》一味《いちみ》なれども機に従って深浅《しんせん》あり。

『御請来目録《ごしょうらいもくろく》』

宇宙の真理は同じです。
受けとめ方を、ほんの少しだけ変えてみましょう。
見る角度をほんの少しだけ変えることでまったく違う世界が広がります。
つらいなと思っていたことも、もしかしたら錯覚なのかもしれません。

病気だけど元気な人もいれば、病気ではないのに元気のない人もいます。

私自身は、乳がんと診断されたものの、検査や手術や術後まで、ものすごく元気な自分に驚きました。

病気のときは元気ではない、と思い込んでいましたが、乳がんにより、逆に、まわりの細胞が、一斉に治そう治そうとがんばり始めたように感じました。

からだのエネルギーもいつもより遥かに高い感覚がありました。

そしてそれをちょっと俯瞰《ふかん》して面白がっている自分がいました。


自分が病気なのに元気なものですから、逆に病気でもないのに、元気のない人もたくさんいるなと、とても不思議な気持ちになりました。

特に悪いところがないと、細胞もちょっと怠《なま》けたりするのかもしれませんし、本気の心配事がないから、わざわざ別の不安を見つけたりするのかもしれません。

また、病気なのに幸せでした。たくさんの方々が私のために祈ってくださり、お見舞いをしてくれました。

ふだんは、「あの人、元気かな?」「生徒さんたちは、卒業したらちっとも遊びにきてくれないわ」と寂しく感じることもありましたが、久しぶりの友人や生徒さんも駆けつけてくれて同窓会のように幸せな時間でした。

通院のときも、少しウキウキした気分でした。娘が運転してくれていたので、遠足気分。でもそれだけでなく、なんだか病院に行くのにちょっとワクワクした気分なのです。

思えば、これまでは病院=暗いところ、病人が集まる場所、死がたくさんある場所と思っていましたが、実は、病院は命が蘇《よみがえ》るところ。

お医者さまは人を助けるために大変な勉強や研究、訓練をして、また、それを支えるたくさんの医療従事者やスタッフの方々も、すべて大切な命を救うために働いている。これほどの菩薩さまのような集団はないなと、あるとき気がつき、ワクワクの理由がなぜなのかわかりました。

抗がん剤のイメージも180度、変わりました。抗がん剤=髪の毛が抜ける、吐きまくる、健康な細胞も壊《こわ》すなど悪いイメージばかりでしたが、髪の毛は治療が終われればすぐに生えてきます。

最近では、気持ち悪くならないための薬がかなり進化しているので、苦しむ方は少ないようです。

もちろんまったく副作用がないこともないし、つらい方もいらっしゃるので、いいかげんなことは言えませんし、私も、もしかしたら気持ち悪かったのかもしれませんが、脳をいいほうに使いました。私の場合、気持ち悪い＝食べないのではなく、気持ち悪い＝お腹が空いているに違いないから食べよう、と。

痩せるとまわりに心配させると思い、好きなだけどんどん食べていたら、7キロも太り、さすがにお医者さまには驚かれました。

人生の中で、こんなに太ることを気にせず、心おきなく好きなものをたくさん食べられたことはなく、ものすごく幸せでした。

それと同時に、意外とふだん、ちょっとしたことを我慢していたんだなとも思ったりしました。

私は右胸をすべて摘出《てきしゅつ》し、再建はしない選択をしました。

これはそれぞれの価値観なので、さまざまな選択があると思います。

術後、看護師さんから、

「家に帰る前に鏡を見ておいたほうがいいですよ。

ショックを受けるかもしれないです」

と言われました。

けれども、実際に鏡で自分の姿を見たとき、

「うわ！　美しい！　かっこいい〜」

と、ものすごく嬉しくなりました。

得度して剃髪していましたし、なんだか新しい時代の、ジェンダーレスのような、新しい自分に生まれ変わったようなそんな気分でした。

もちろん、「こんな姿になってしまった」と悲しむ選択もあるとは思うのですが、

私は『天才バカボン』のパパのように、「これでいいのだ！　これがいいのだ！」と思うのでした。

そんな私を見て、「本当は、つらかったんじゃない？　本当は、悲しいんじゃない？」と聞く方もいます。

心配してくださるからこその言葉と思って、有り難いのですが、でも、私の本音は、「これでいいのだ！　これがいいのだ！」。それ以上でもそれ以下でもないのです。

まぁ、痛みに関しては、「本当は痛かったんじゃない？」と言われると、それはたしかに、「痛かったかもしれない」という気はいたします。でも、気がするだけなんです。ものは何でも捉えようです。

とはいえ、このような話をしたときは、「一度体験しましたから、もういいですよ」と、天に、お伝えしています（笑）。

同じような失敗をして、怒られ、ひどく落ち込みつづける人もいます。

カラッと受けとめる人もいます。

どちらにしても、次にその失敗をしなければいいだけのことです。ひどく落ち込んでも、また失敗しては落ち込むだけ。時間の無駄です。カラッと受けとめて、次も同じ失敗を繰り返しては、ただのダメ人間です。カラッと受けとめて、次は失敗しない。これがベストだと思います。

病気で悩んでも免疫力が低下するだけです。

カラッと前向きにこの体験を楽しむくらい、このときだからこそできることをしっかり味わうくらいのほうが免疫力も上がります。

また、病気になってしまったと嘆くよりも、その中にもたくさん学びどころを見つけたいものです。

「どうせ生きているのなら、深く、深く人生を味わいなさい」と、空海さまがおっしゃってくださっているように感じます。

満開の花が、やがて散るように

身は花とともに落つれども、心は香《かおり》とともに飛ぶ。

『性霊集』

満開になった花が散るように、私たちも、いつか、その命を終え、光となるとき、その肉体も消えてなくなります。

花と一緒で、人のからだは必ず無くなります。

また、死だけでなくとも一つのことを卒業したり、引退したり、その場から姿がなくなることもあります。

けれども、その人が美しく生きた心は、永遠に香りつづけます。

私の父がいつも語る、坂村真民《しんみん》先生という詩人の詩があります。

「花には散ったあとの悲しみはない。ただ一途《いちず》に咲いた喜びだけが残るのだ」

いつも物事の明るいほうを見て生きてきた父らしい、父の座右の銘です。

坂村真民先生は、仏教詩人です。『念ずれば花ひらく』の作者として、ご存じの方も多いのではないでしょうか。

大切な方がお亡くなりになる。なんともポッカリと空いた心の隙間《すきま》を埋めることはなかなかできません。ですが、その方の言葉や優しさ、笑顔や成し遂げた功績は永遠に遺ると思うのです。

亡くなった方のことを思い、つらくて悲しくて自分の心をどうしたらいいのか。それがわからないといって苦しみを訴《うった》える方もいらっしゃいます。

大切な方の思い出を語られることが多いのですが、それを聴きながら、亡くなられた方のこれまでのことが、まるで映画のように見えて、思わず、一緒に泣いてしまうことがあります。

ときには、自分が亡くなられた方になったような気持ちになって、目の前で号泣されている方を、抱きしめたい衝動《しょうどう》にかられます。

「ハグさせてくださいね」と断って抱きしめると、また涙があふれてきます。

私には、霊力のようなものはないと思っていますが、大切な人のことを思うとき、その人が確かに、そこに存在していることはわかります。

弘法寺には霊廟《れいびょう》もあり、たくさんの大切な方々のお骨をお預かりして、朝晩、僧侶たちがいつも祈りを捧げています。そうした大切なお役目もありつつ、生きている人がイキイキと活動する場も提供しています。

「お寺にいくのはお墓参りのときだけ」という方が多いと思いますが、お寺は、もともと、その地域のコミュニケーションの場でした。

子どもたちが境内で遊び、お父さん、お母さんたちが地域活動をする。お爺さん、お婆さんが集まれる場所でもあります。「寺子屋」は、寺子を集めた学びの場です。

いまの時代、「お寺はもっと、身近な存在としての役割があるはず」と、弘法寺は、もとのお寺らしさを発揮する活動を、積極的に行っています。

それが、お寺で開催される和太鼓やお琴の教室だったり、素読《そどく》、写経、講演会、書道教室だったり、映画鑑賞会だったり、ひな祭りだったり、というイベントにつながるのですが、そこに参加して楽しそうにしている家族の様子を見たら、ご先祖さまたちも安心して、喜んでいらっしゃるのではないかと思います。

昨年、私も義母が亡くなりましたが、お寺でのミニコンサートが開かれると、音楽好きの義母が覗きに来ているかなと、ふと思うことがあります。

私たちも、やがては死にます。

でも、生と死の世界は、それほど遠くないところにあるのではないか。そう思うと、大切な人の死も、乗り越えられるということもあるかもしれません。

第5章

諸行無常《しょぎょうむじょう》

すべてはうつり変わるもの

やがて景色が変わる

万法《まんぼう》は心に従ってあり。
舟行けば岸遷《うつ》るといい、雲はるれば月走る。

『宗秘論』

すべての物事は、川の流れにそって進めば、景色が変わり、雲の晴れ間から月が見えてくるかのように、いい方向へと自然と進む。

空海さまは、そう教えてくださっています。

舟は川の流れにそって、どんどんと進み、決して後戻りはしないのです。

反省ばかりしてふり返っていては、停滞しているばかりです。

限られた人生に、そんなことをしている時間はありません。
川の流れに逆らわず、そのときそのときの移ろいゆく景色を楽しむ。
それが、人生を軽やかに生きるコツだということなのかもしれません。

仏道には「懺悔《さんげ》」というものがあり、まず、お経をお唱えする前に懺悔文《さんげもん》を読み上げます。

私も毎朝、懺悔をしてから、お経をお唱えします。

単純な性格なので、せっかくお坊さんになったのだから、「徹底的に懺悔したほうがいい」と考えました。懺悔したことを二度としないようにすれば、手っ取り早く、いい人、偉いお坊さまになれる気がして、ひたすらに懺悔文を読み上げました。

前日に会った人たちの顔を思い浮かべながら、

「もう少し、こうできたのに」

「もう少し優しい言葉で話せばよかった」

「もっと親切にできたのに」

と、心の中で、「ごめんなさい」を言いつづけました。

ところが、あるときから、まわりの人の悪いところばかりが見えて、人間関係がギスギスしてきました。

まわりの人のちょっとした言葉や、していることを見ては、昔の風紀委員のように目くじらを立てて、重箱の隅をつつきたくなる感情が湧き出てきたのです。

「あれれ？　懺悔して心穏《おだ》やかになるはずなのに、ちっとも心穏やかにならないな」

そんなある日、弘法寺の管長が法話の中で、

「夜寝る前に、今日よかった出来事を3つ思い出してから寝てください」

と話されました。

寝る前に「よかった出来事」を思い出す。

私は反省ばかりして、「悪い出来事」ばかりを思い出していたわけです。

管長の教えを受けて早速、実行することにしました。

さらに、それならば、夜寝るときだけでなく、朝起きたときも、「よかった出来事」を3つよりも、もっとたくさん思い出そう、とトライしました。

するど、みるみる心の中が穏やかになり、人のいいところが見えてきました。

自分の心の中と、外の現象や他の人の心は、実は合わせ鏡のようです。

自分の悪いところばかりを見ていると、相手の悪いところも気になる。

自分のいいところに注目すれば、相手のよいところが自然と見えてくる。

それでは、仏教の「懺悔」とはいったい何なのだろう、と考えると、

「自分と人が一体であるとするならば、自分自身や、世の中のすべての人のことも含めて懺悔すること、生まれたての自分になり、世の中を明るくすること」

……と思い、いまでは、深く反省をしすぎず、サラリと懺悔文を読んでいます。

時代がものすごいスピードで進んでいるので、自分自身も進みつづけることは大切です。

いつまでも、同じところに止まっている必要はありません。

「『ゆく河の流れは絶えずして、しかももとの水にあらず』。この感覚が大事だよ」

私の大好きな先輩が教えてくれたことです。

「反省しすぎない」

「悩みつづけない」

「恨みつづけない」

「怒りつづけない」

同じような出来事を、すぐ忘れる人もいれば、一生悩みつづける人もいます。

もう悩みつづける時代は終わっているのです。

クヨクヨと、なんとなくいじけた気分になってしまったとき、反省は体験、経験として、次に生かそうと考えるようにしましょう。

舟が進むから、やがて美しい月を愛でることができるのです。

心が暗いと禍《わざわい》を引き寄せてしまう

心暗きときは、即《すなわ》ち遭《あ》う所悉《ことごと》く禍《わざわい》なり。

『性霊集』


落ち込んだときには、いいことがあっても、そのことに気がつかないものです。

自分に起きることは何もかも、すべては禍ばかりと考えてしまうのです。

そうだとしたら、心の状態が変われば、現実が変わっていきます。

「いいことなど何もない人生」から、「捨てたものじゃないなと思える人生」に変わっていくのです。

空海さまの言葉からは、いつも光が射し込んできます。

心を常に快にするために、私は「真言ウォーキング」をオススメしています。

私の家のすぐ前には大きな公園があり、隣には名門大学の附属小学校があります。

その公園を通り駅に行くのですが、そこがちょうど小学校の通学路でもあり、時間帯によっては子どもたちで埋め尽くされています。

なかにはヤンチャな子どももいて、時に池の水でバシャバシャと遊んでいたり、通行人なんかお構《かま》いなしで、走りまわっていたりもします。

なんとなく気分がいい日は、

「この子たちが、やがて日本の未来をつくるんだな」

「子どもはこれくらい元気なほうがいい」

と思うし、なんだかイヤなことがあった日は、

「なんて子どもたちだ！」

などと思うこともありました。

そういえば、お坊さんになってからは、子どもに対してイライラすることもなくなりましたから、私も少しは心が安定したのかなと思ったりもします。

医学博士で、大脳と人間の行動、言葉の関連性を研究されていた故・佐藤富雄先生は、とにかく心を「快の状態」にすることが大事だと言われていました。それにはウォーキングがいちばんいいと、たくさんの著書の中で伝えつづけていました。

15分歩けば、頭の中のモヤモヤも晴れます。

心が「快」であれば、その日の出来事も明るい捉え方ができます。

ウォーキングをしたことのある方なら、理屈でなく、この感覚がわかると思います。

また、佐藤先生は、

「こうして生きているということは、ご先祖さまから、ずっとつながる命であり、氷河期も、災害も、災難も戦争も乗り越えて来ている最強の遺伝子。ウォーキングをすることで、その遺伝子がオンになる」

とおっしゃっていました。

空海さまは、若いときからとにかく山々をかけめぐって、修行をしておられました。

現代の今、空海さまが修行されたところへ参りますと、車でもとんでもない距離があることに気づきます。

ここを歩いてまわられたと思うと、それこそ、ウォーキングの先駆者！　日本人でいちばん歩いた人なのではないのかなと思うほどです。

歩けば不思議と悲観的でなくなります。

私は佐藤先生の本を読んだ次の日から、早速ウォーキングを始め、人生が好転しました。逆になんだかちょっとへこむなと思うときは、そういえばウォーキングを2、3日サボっていたことに気がつきます。

私の場合は、1秒間に2歩大股でハツラツと歩くイメージです。音楽などは聴かず、都会であっても、空を見上げたり、道端の小さな花を見たり、季節の移り変わりに意識を集中させながら歩きました。

ちなみに昔、痩せたくて歩いたときは、「胸アップ、ウエストキュッ、私はとってもきれいでかわいい」と、自分マントラをつくり、そのときの自分とはまるで違う美しいモデルさんをイメージしながら歩きました。

「マントラ」とは、真言・祈りや瞑想などで唱えられる聖なる言葉です。

お経もマントラです。お経は、葬儀などで唱えられる「般若心経《はんにゃしんぎょう》」はご存じの方も多いと思いますが、もともとは、お釈迦さまの教えを口で伝えたものを、あらゆる人でも読めるようにと、その後のお弟子さんたちがまとめた経典です。日本のお経の種類は、確実な数がわからないほど多くあります。

「自分マントラ」は、それとは関係なく、自分にとっての「魔法の言葉」。

それを唱えれば、なぐさめられたり、癒やされたり、元気が出たりする。そういう魔法の言葉を、自分なりに持つということが大切だと思います。

その意味では、いまの私は、お経が魔法の言葉になりました。

さて、ウォーキングの話に戻りましょう。

当時の私は、朝、食事をする前に1時間ほどウォーキングをして、昼は大好きなものをたくさん食べていました。すると不思議と夜は満足しているので、ガツガツ食べることもなく、からだもどんどん健康になり、すんなりダイエットもできました。

そして、考え方がどんどん前向きになるので、当然起きる出来事も、出会う人も変化をしていきました。

いまは、ウォーキングのときは、だいたい「般若心経」か「求聞持法《ぐもんじほう》（虚空蔵菩薩《こくうぞうぼさつ》の真言《しんごん》）」「光明真言《こうみょうしんごん》」を唱え、「素敵なお坊さま」をイメージしながら歩きます。私にとってのそのイメージは、テレビドラマの「西遊記」で、三蔵法師を演じた夏目雅子さんです。

ウォーキング中に、子どもたちとすれ違えば、「未来に光を、この子らしい人生を」と唱えます。お年寄りや杖をついている方を見かけると、薬師如来の真言「オンコロコロセンダリマトウギソワカ」をお唱えしています。

自分自身も健康になり、同時にお祈りもできるわけで、これは私にとっては最強の祈りの場でもあります。

朝の1時間というのは、仕事をしている方からすると、時間をつくりにくいかもしれませんが、歩けば頭の中も心の中も整理され、行動に無駄がなくなり、いいアイディアも生まれます。その分、仕事が捗《はかど》ることもあるのではないでしょうか。

からだがあまり強くない方は、ほんの短い時間でも、ゆったりとしたペースでもいいので、歩くことをオススメします。

そのとき、姿勢だけはぜひ正して歩いてください。

「雨の日は？」と聞かれますが、よほど強風や、雪で滑りそうとか危険がない限り、雨に濡れることもまた、浄化につながるのでオススメです。

出来事に、いいも悪いもない

物に定まれる性《しょう》なし。
人なんぞ常に悪ならん。

『秘蔵宝鑰』

物事を決めつけてはいけません。すべては変化し、受けとめ方はいろいろです。どんな出来事も、それ自体には、いいも悪いもなく、すべては、その後の対応の仕方で、その良し悪しが決まる。

空海さまは、そうおっしゃっておられます。

生きていれば失恋の一つ二つもあるでしょう。

ある女性は、失恋して落ち込み、こんな人生なんてと嘆き、自分に自信を失い、相手を恨み、ボロボロになる。

一方、同じように失恋しても、その後ものすごく幸せをつかむ人もいます。

私が料理教室をしていた頃、とてもチャーミングな女性が幸せそうに結婚の報告をしてくれました。

聴くと、彼女は大失恋をして、その出来事により、「もっと幸せになる！」と強く決意し、ジムに通い、美しくなる努力をしたそうです。そうして、ある日、ジムの帰りに銀行に立ち寄ったところ、ふいに素敵な男性と目が合いました。

「もしもふり返って、もう一度目が合ったら、きっとその人が運命の人だ」と直感。

そして、ふり向くと、その方と目が合い、結局、結婚することになったそうです。

失恋した彼女が、どんどん自信をなくして、ジムにも通わず、下を向いていたら、彼と目が合うこともなかったでしょう。たとえ目が合っても、「自分なんかダメだ」と思って、おつき合いをするようなこともなかったかもしれません。結婚もできず、自信も持てないまま、人生を無駄に過ごしてしまっていたでしょう。

また、ある生徒さんは、どうもつき合っている相手のお母様がとても意地悪で、格式が高く、人をバカにする。母親の言いなりになってしまう男性に情けない気持ちになったようです。

それならば、同じ失敗を繰り返さないように、次の恋愛は、素敵なお母さんから選ぶのもいいかもしれないと、励ましました。

たまたま生徒さんの中に、とても美人で人柄もよく人望のある女性がいて、そういえば、そちらに素敵な息子さんいらしたねということから会うことになり、1年後に見事ゴールイン！　いまは、お子様もでき、最高に幸せなファミリーとなっています。

最近、2人目のお子様が誕生して、お寺参りに来てくれました。

「お寺参り」というのは、お宮参りと同じです。

「お宮参り」は、子どもが生まれて初めて、その人の生まれた土地を守る神さま「産土《うぶすな》の神」に参ることですが、そこが神社ですと「お宮参り」になり、お寺になると「お寺参り」となります。

子どもの誕生を祝い、成長を願うのは、どちらも同じです。

話は戻って、彼女が、もし相手のイヤな母親のことをそのままにして、前の男性と無理に結婚してしまったら、この愛しいベビーちゃんは生まれていなかったかもしれません。いえ、生まれていなかったでしょう。そう思うと、もしかしたら、「イヤな母親」もまた、この子が生まれるための大事な役割を果たしていたかもしれません。

女性のための料理教室や勉強会を開いていた頃は、悩み相談に乗ることも多かったのですが、それに答えることで、私自身が励まされることも少なくありませんでした。

当時の生徒さんたちとは今も、そのおつき合いは続いていて、里帰りのように、お寺を訪ねてくださいます。お子さんを連れて遊びに来てくれたり、近況報告を聴いたりすると、容姿や恋愛、仕事に悩んでいた彼女たちも、しっかりと立派なお母さんになっていること、またはビジネスをがんばっていることなどがわかって、自分のことのように嬉しくなります。なかには大切なご家族のご遺骨をお寺にお預けくださったり、ともに仏門に入ったりする方もいます。

あの頃の出会いが、いまにつながっていたのだなと思います。つらかったことも、イヤだったことも、がんばったことも、すべては人生の種まきです。

一つの物事には、いいも悪いもありません。

何事も、より良き人生を歩むための修行です。

まさに仏教の「諸行無常《しょぎょうむじょう》」（すべては移り変わる）、「諸法無我《しょほうむが》」（すべてはつながっている）ということを、空海さまの冒頭のお言葉が表しているといえます。

第6章

諸《しょ》法《ほう》無《む》我《が》

すべてはつながりの中にある

恩恵に感謝する

四恩《しおん》とは、一には父母、二には国王、三には衆生、四には三宝なり。

『教王経開題』

四恩なくして、私たちは存在しません。
「恩」とは「恵み」のことです。
「四恩」の第一は、両親からの恵み。
第二は、国からの恵み。
第三は、自分以外のすべての生あるものからの恵み。

最後が、三宝からの恵み。「三宝」とは、仏教における三つの宝もののことです。こうしたご恩に感謝することが大事なのだというのが、空海さまからのメッセージです。

日頃、当たり前と思うことは、実は当たり前ではなく、本当に尊《とうと》い宝物。感謝とは、その幸せに気がつくための鍵《かぎ》だと思います。

幸せに気がつきさえすれば、日々の生活そのものが幸福となります。

両親はいちばん近い先祖だと、ある方がおっしゃっていました。

まさに両親がいなければ自分自身は生まれていない。人によっては、ご両親を知らずに育ったり、虐待《ぎゃくたい》を受けたり、捨てられたり、つらい思いをしている方もたくさんいらっしゃると思います。

ある知人は幼い頃、ひどい虐待にあったそうです。それでも、その方は、両親への感謝を言いつづけ、いまでは社会貢献をされる立派なお仕事をしていらっしゃいます。

どんなひどい母親だったとしても、誰にとっても初めての家はお母さんのお腹です。十月十日《とつきとおか》住んで、栄養を与えられていたから生まれたわけで、それだけでも十分感謝に値《あたい》するのではないでしょうか。

いま、仲が悪かったとしても、いつかは「ありがとう」と言えますように。

親子が仲良くいられる。これは永遠のテーマです。

それでもどうしても、素直に感謝できないときは、まずは自分を大切に労《ねぎら》ってください。

娘が生まれたばかりで、まだ喋れない頃、暑いなとか寒いなとか、不思議と自分のからだのように感じたものです。

同じからだだったのだなと、実感することが何度もありました。

自分のからだを大切にすることもまた、最高の親孝行なのです。

両親に感謝することは、永遠の命に感謝することなのです。

永遠の命のつながりに感謝できれば、いまを幸せに生きることもできるのです。

もしも、実のご両親がいなくても、育ててくださった方々は、あなたにとっての父であり母です。これまで生きてこられたのは、まわりの方々のおかげです。

2番目に、空海さまは「国」をあげています。

いま現在、生活が大変な方もたくさんいらっしゃいます。

それでも、私たちの国日本は、たいへん有り難い状況であります。

お店に入れば普通に、おいしいお水が出てきます。水道をひねれば、安全な飲み水が出ます。世界で本当に安全な水をそのまま飲める国は、196か国（日本が承認している日本を含む国の数）のうち、わずか12か国といわれています。

電車やバスはほぼ時間通りに運行します。

義務教育によって、国民すべてが教育を受けることができます。

大変なこともありますが、それでも恵まれているのです。

なかにはもちろん罪を犯すような人もいますが、災害のとき、コロナ禍のときでも、暴動が起こることなく秩序が保たれています。

このような国は滅多にないと思います。だからこそ、この恵まれた国に生まれたことに感謝できることが、また、有り難いなと思います。

3番目は「衆生」。

衆生とは、命あるすべてのもの。人は一人では生きていけませんし、さまざまなつながりの中から、いまの自分があります。たくさんのご縁のつながりや出来事に感謝の日々です。

4番目は「三宝」。

三宝とは、仏教における「仏・法・僧」と呼ばれる3つの宝物を指します。

私も朝の勤行《ごんぎょう》のときに必ず「帰依《きえ》仏、帰依法、帰依僧」と言葉にいたしますが、「帰依」とは「従って生きる」という意味で、仏さまに従い、仏さまの教えに従い、僧に従う。そうしたことを言葉にすることで、自分の進むべき道に光が差し込むエネルギーになる気がしています。

仏教を深く学んでいない一般の方で言えば、「帰依仏」は、世の中の人間だけの力を超えた自然の恵みや大いなる存在、あなたの信じる神仏などへ感謝をしましょうという感じです。

「帰依法」は、あなた自身の信じている道や信念、あなたが尊敬する方々からの言葉ともいえるかもしれません。

「帰依僧」は、あなたの尊敬する方々や、ともに力を合わせる仲間ともいえます。

日々の生活の中で四恩に意識的に感謝することは、自分の人生の中にあるすべてに感謝することでもあります。

一つひとつのことに嬉しいな、有り難いな、幸せだなと敏感に感じることは、いまのあなたをさらにさらに幸福へと導いてくれることでしょう。

環境が整えば、心も整う

それ境《きょう》は心に随《したが》いて変ず。心垢《けが》るるときは即《すなわ》ち境濁《にご》る。心は境を逐《お》いてうつる。境閑《しず》かなるときは即ち心朗《ほが》らかなり。心境冥会《しんきょうみょうえ》して、道徳玄《げん》に存す。

『性霊集』

心が濁っていると、環境も濁ります。心と環境は合わせ鏡のようです。心が整えば、起こることすべてが魔法のように、いい方向へと進みます。運気が下がっているなと感じるときは、部屋も散らかっていたりします。

まずは、できること、自分の環境を整えることから始めることが大切なのだと、空海さまは教えてくださっています。

お坊さんの大切な修行に「作務《さむ》」があります。

「作務」には、整理整頓、掃除、断捨離《だんしゃり》、清め清掃などがあります。

そこでお話ししたいのが、「周利槃特《シュリハンドク》」というお坊さんのことです。

このハンドクは、赤塚不二夫さんの漫画『天才バカボン』に出てくる「レレレのおじさん」のモデルになったともいわれています。

そもそも『天才バカボン』の「バカボン」は、「英語で放浪者を表すvagabond」から名づけられたそうですが、「vagabond」はサンスクリット語の「バカヴァッド」から来ているともいわれ、その意味は「ブッダ（悟った人）」。つまり、「お釈迦さま」という意味なのです。「これでいいのだ」というバカボンのパパの決めゼリフは、お釈迦さまの悟りを表現する究極の言葉かもしれません。

さてハンドクは、お経を覚えることができず、修行を諦めようとします。

お釈迦さまは、そんなハンドクにほうきを渡し、「ずっと掃除をしなさい」と伝えます。

来る日も来る日も掃除をする中で、塵《ちり》や埃《ほこり》、垢《けが》れを取り除くことで、心の中の煩悩《ぼんのう》も取り除き、悟りを開きます。

難しい修行はできずとも、そんな思いで、私も日々の掃除に向き合っています。

「どこかのパワースポットに行っても、せいぜい数分。

それよりも長く住んでいる家をパワースポットにするが如く、美しく整えましょう」

というのは、管長の教えです。

シンデレラも、王子様に出会う前には床拭きをしていたし、白雪姫もほうきで掃《は》き掃除をしています。

「お掃除すると、いいことがあります」というのは仏教だけでなく世界共通の教え、宇宙の真理なのでしょう。

私は家全体のお掃除もしますが、一日1か所、集中的に整理をします。

まず、必要でないものは捨てたり、リサイクルへまわしたり、どなたか必要な人に差し上げたり、と整理してから、その後に整頓します。

パッと開いたときに「きれい！」と言えるかどうか、を基準にしています。

いま思うと、私の母は、いつも、どこかの引き出しを整理しているというイメージがあります。母の愛により、実は私たち家族も清々《すがすが》しい心で生活できたのだなと、引き出しの整理をしながら感謝の気持ちがあふれます。


紙袋を一つ持ち、家中クルクルまわりながら捨てるものを探す。10分間アラームをセットして、その間ゲームのように拭《ふ》き掃除をするのも楽しいです。

私の生徒さんで、風水的お片付けの専門家がいます。半年に一度チェックしてもらうのですが、毎日見ているとそれが当たり前すぎて、変であることに気がつかなくなってしまうので、こうしたチェックも、時に必要です。

義理の両親が亡くなり、毎月、娘と滋賀まで遺品整理に帰ります。整理しながら、趣味に恵まれた幸福な人生だったのだなあと感じます。それと同時に、二人の暮らした家そのものが、生きた証、光の国に帰るときは、そのすべてを置いていくのだと思うと、とても感慨深いです。

空海さまの言葉のように、心ほがらかな人生を送るには、好きなものに囲まれた美しい生活、丁寧な生き方を心がけることが大切なのだと思います。

心が整っているときには、環境も整いますが、環境を整えれば、心も美しく静かに整うのです。

学んだだけでは意味がない

智鏡《ちきょう》心に処すれども、
縁なくばすなわち利物《りもつ》の力を欠く。

『性霊集』

「智鏡」とは「悟りの鏡《かがみ》」のことです。
「悟り」とは、物事をよく知ることです。たとえ悟りの境地に達したとしても、それを縁のある人たちに実践していなければ、「何の意味もない」ということを、空海さまは伝えているのです。

仏教では、悟りを開くことが学びの目的、到達点といえるものですが、ただ自分が

学んだだけ、知っているだけではダメなのです。学びとは何のためにあるのかを知る、それこそ究極の教えと言えるでしょう。

空海さまは、828（天長5）年、「綜芸種智院《しゅげいしゅちいん》」という我が国最初の庶民に開かれた私立学校をつくられました。その学校は、真言密教の思想をもとに、社会に貢献する人材育成を目的としたものでした。

「綜芸」とは、顕教《けんぎょう》、密教、儒教《じゅきょう》などのさまざまな学問を学ぶことです。ちなみに、「顕教」も「密教」も、仏教の教えですが、「密教」は、奥深い教えであるがために容易に明らかにできない秘密の教えであるのに対して、「顕教」は、秘密にすることなく、明らかに説き表した教えです。「儒教」は孔子を祖として、政治・道徳の実践を説いた教えです。

「種智」とは、「最上の智恵」で、菩提《ぼだい》の心（煩悩を断ち切って得られた悟り）、仏の教えを広く世の中に伝えることを意味します。

当時は、大学に進むには身分上の制限がありました。そうした制限によって大学、国学に学ぶことができない人たちのために、綜芸種智院をつくることで、空海さまならではのお道を開かれました。

冒頭のお言葉の通り、自分がそれを知ることで終わらず、縁のある人たちに、その学びを広めたわけです。

普通の私たちには、学校を開くことはできないかもしれません。

でも、いまはオンラインで教室を開催したり、自分の学びを発信したりということが、昔よりも簡単になりました。

また、それ以前に、学ぶ場も多くあります。

どんなに立派なピアノも、弾かれなければ、ただの置物にすぎません。

それこそ、実践しなければ意味がない、という空海さまのお言葉そのものです。

私の解釈では、「あるものは使ったほうがいい」。

学びの場があるなら、学んでみよう。

学びを得たなら、縁のある人に伝えよう。

それがまた、自分の学びを深め、自分の人生に意味を持たせるものだと思います。

「私のまわりには学びの場がない」という人もいるかもしれません。

もしも、そうであるなら、あなたが、その学びの場をつくればいい。

おおげさに考えず、まずは身近な方たちに声をかけてみるところから始めてみてはいかがでしょう。

第7章

三密加持《さんみつかじ》

身体・言葉・心を仏と一体化する

いい仕事には、いい道具と、よき師

能書《のうしょ》は必ず好筆を用う。

『性霊集』

「能書」とは、文字を書く技が優《すぐ》れた人のことをいいます。

いい仕事をするためには、いい仕事道具とよき師を持つことだと、空海さまは言われているのです。

空海さまは、「弘法筆を選ばず」「弘法も筆の誤り」という諺でも知られるように、嵯峨《さが》天皇、橘逸勢《たちばなのはやなり》と並んで「三筆」といわれています。

「筆を選ばず」と「好筆を用う」は反対のことを言っているようで一瞬戸惑いますが、

前者は諺で、空海さまの言葉ではありません。

やはり、好筆を用いたからこその達筆、達筆だからこそ、「好筆」を選べるという
こともあるかもしれません。それだけの目を持つことの大切さを教えている言葉でも
あります。

遣唐使として、四艘の船で唐に向かい、二艘は転覆、最澄《さいちょう》さまの乗った船と、空海さまの乗った船だけが唐にたどり着きました。

凄《すさ》まじい漂流《ひょうりゅう》の果て、あまりのボロボロの船や姿に、唐の朝廷は、最初は皇帝への面会を拒否したそうですが、空海さまが鮮《あざ》やかに書かれた手紙によって、その身分が信頼されたという話が残っています。

弘法寺でも、書道教室や写経をしておりますが、早速私も、書道のお道具を達筆だった義母から譲り受けたものに変えてみました。

いいお道具は、使い心地ももちろんいいですが、まず、それだけで気分がいいものです。うまく書けるような気もします。

何よりも丁寧に扱うことが自然に身につくような気がします。

そんな気がするというだけで、精神状態にはいいのです。

優れた職人さんがしっかりとお道具のお手入れをするように、丁寧に墨をすり、丁寧に書く。この丁寧さが、心の精神状態を整えて、集中力が増して、邪念《じゃねん》が消える。

それが「書」になります。

たとえ下手でも、丁寧な文字は、少なくとも、見る人に不快感を抱かせることはありません。

書には気持ちが表れるし、その気持ちは伝わるものではないでしょうか。

お子様の教育にも、これは大事なことなのではないかなと思います。

また、これは書道だけでなく、楽器やスポーツの道具など、さまざまな場面で大切なことだと思います。

けれども、なにも高級な品でなければならない、というわけでもありません。

たとえば、ご両親が大切に使っていたものや、大好きな人からもらったもの、手にとって心地よいもの、気分が上がるものを丁寧に使うことで、気持ちをこめることができ、いいものを生み出せるのではないでしょうか。

余談ですが、風水では、嫌いな人からもらったものは絶対に置いておいてはいけないそうです。大好きなものに囲まれることで、生活も豊かなものになると思います。大切なのは、心地よい生活を手に入れること。そのために、できることはたくさんあります。

何事も、スタートの心構えが肝心ですね。

空海さまの言葉には、そうした思いがこめられているように思います。

いい香りにあふれる

香《こう》を執《と》れば自ら馥《かんば》し、衣《ころも》を洗えば脚《あし》浄《きよ》し。

『性霊集』

お香を立てるだけで、部屋ばかりか、自分までも香しい空気をまとうことになります。川に入って衣を洗えば、足までも清浄になる。自分ではそれを意図したものでなかったとしても、丁寧にそれをすれば、知らず識らず、自分を整え、浄化していることがあるものです。

空海さまの言葉には、その教えがこめられています。

剣道家でもあった祖父の影響で、私も剣道をしておりました。

祖父の口ぐせは、「中墨《なかずみ》を外《はず》すな」でした。

「中墨」というのは、大工さんが材木を切るとき、木の中心にまっすぐに線をつける道具で、竹刀《しない》を持ったとき、「中心さえブレていなければ、相手からは手も足も出ない」と、祖父は教えていたのです。

実際、90歳をすぎても面をつけ、竹刀を握って、「最近、上達した気がする」と言いながら、若い人が真剣に挑《いど》んでも、見事なくらいに隙《すき》がなく、太刀《たち》打ちできない、その姿は、それはそれは美しく、凛々《りり》しいものでした。

その祖父が、

「蛇をまっすぐにしようとしても、まっすぐにはならない。まっすぐな竹筒の中に入れたら、自然にまっすぐになるものだ。子どもも、大人も姿勢が大事。姿勢がよければ、自然と心根も、まっすぐになるものだ」

ということをよく言っていました。

私が子どもを持ってからは、

「親子は針と糸のようなもの。

親がしっかりと進めば、子は正しい道に自然と進むものだ」

ということも教えてくれました。

空海さまが、「衣を洗えば足まで清浄になる」と言われるように、そのようにすれば、そのようになる。行動によって、行動に合った答えが出ます。

なりたて尼さんの私は、お坊さんの姿をしているときと、ウイッグをつけて普通の格好をしているときがあります。

不思議なもので、そのときの格好によって、ちょっと心がけが違います。

お坊さんの姿のときのほうが、人として、ちゃんとしていなければという気持ちが強くなるようです。

道路を斜め横断することもしませんし、駆け込み乗車もしません（笑）。

タクシーの運転手さんに言われる前に、ちゃんとシートベルトをしたり。

細かい日常の動作が微妙によくなるので、あるとき、「お坊さんの格好をしている時間を長くしたらいいんだ」などと実験してみたりしました。

そんなこんなで、尼生活も1年がすぎた頃には、お坊さんの姿をしていなくても、いい感じになりました。

目標は、普通の格好のときでも、「まるでお坊さんみたい」と思われることです。

「日々の言動を正しくする」

「住まいや身のまわりを美しく整える」

そうしていくことで、自分自身までも美しく磨かれていくのだと思います。

一生をかけて、自分自身の振る舞い、人格を磨きたいものです。

面白さの勢いに乗って

文章は興《きょう》に乗《じょう》じて便《たちま》ちつくれ。興なくんば睡《ねむ》るに任せよ。睡れば大いに神《しん》を養《やしな》う。

『文鏡秘府論』

興に乗ずるとは、「面白さの勢いに乗って」という意味で、「文章を書くときに気分が乗ってアイディアが湧けば書けばいいし、そうでなければ寝たらいいですよ。眠れば、そこに神の力が働き、いいアイディアが生まれますよ」という、まさに今、この原稿を書いている私には有り難い、空海さまのお言葉です。

「文章」は、その人によって「ブログ」かもしれないし、「企画書」かもしれません。

「課題」や「宿題」のときもあるかもしれません。がんばって書くのは、もちろんよいことですが、どうしても勢いが出ないときは、「いったん休んでから」。それくらいに考えても大丈夫ですよ、という教えです。

空海さまの言葉は、優しい思いやりのようにも思えますし、人間一人の力は大したことないから、もっと気持ちを大きくして天に委《ゆだ》ねてみましょう、というメッセージのようにも受けとれます。

私は昔から、何か人間の力だけではない、大いなる存在が宇宙にはあると信じています。仏教では「如来《にょらい》さま」や「菩薩さま」であったり、真言宗のお坊さんとなった今は「空海さま」とお呼びしております。大いなるエネルギーが、いつもいつも励まして見守ってくださっている。そんな気がしてならないのです。

あなたもしっかり守られていますから、安心してくださいね。

天に委ねていると、何かいろいろな物事がスムーズに進みます。

自分らしいことをして、自分の道を素直に進んでいれば、天は惜《お》しみなく力を貸してくださるのです。

自分にできることを、まずはがんばる。

がんばった後は、委ねて、信じる。それだけです。

「委ねる、委ねる、委ねる」

「信じる、信じる、信じる」

そうすればするほど、天は、安らぎと希望を与えてくださいます。

私は、仏道に入ってからの習慣で、

「南無大師遍照金剛《なむだいしへんじょうこんごう》」

とお唱えしながら眠るようになりました。

「南無」とは、「帰依する」「おまかせする」という意味です。

「大師遍照金剛」とは、弘法大師、空海さまのことです。

つまり「南無大師遍照金剛」とは、弘法大師、空海さまに帰依する（おまかせする）という意味です。

「遍照金剛」とは、空海が唐に留学し、真言密教を極めたときの「灌頂名《かんじょう》」です。「灌頂」とは、頭頂部に水を注ぎ、悟りの境地に進んだことを証明する儀式のことで、灌頂名は、そのときに授けられたお名前です。

「遍照金剛」は、「大日如来」の別名でもあり、つまりは空海さまは、そうした存在である、ということです。

ところで「お大師さま」というと、空海さまのことを思い浮かべる方が多いと思いますが、実はお大師さまは18名いらっしゃいます。

江戸時代以前から、「大師」と呼ばれる18人は、「十八大師」と総称され、その中でも、「六大師」とされているのは次の方々です。

弘法（空海）

伝教（最澄）
慈覚（円仁）
智証（円珍）
慈慧（良源）
円光（法然）

仏教には宗派がありますが、空海さまは真言宗、最澄さまは天台宗、円珍さまは天台寺門宗、法然さまは浄土宗の、それぞれ開祖であられます。宗派によって、お唱えの仕方、言葉には違いがあります。

自分の家の宗派を知らないという人は、これを機に調べてみてはいかがでしょう。それこそ興に乗じて、知識を深めることは楽しいことです。

真言には不思議な力がある

真言は不思議なり。観誦《かんじゅ》すれば無明《むみょう》を除く。

『般若心経秘鍵』

「真言」とは、サンスクリット語の「マントラ」のことで、宇宙の真理を説《と》いた仏さまの真実の言葉として、真言宗では、短いお経ともいわれ、とても重要です。

真言は不思議なもので、お唱えすればするほど「無明（無知）」の暗闇から、真理の光の世界へ導いてくれる。空海さまは、真言の、そうした力を説いてくださっています。

あなたの干支《えと》は何でしょうか？

生まれ年の干支によって守り本尊《ほんぞん》が違い、それぞれの守り本尊には、それぞれの真言があります。

干支と守り本尊と、その真言

【子年生まれ】千手観音菩薩《せんじゅかんのんぼさつ》
真言「オン・バザラ・タラマ・キリク」
【丑・寅年生まれ】虚空蔵菩薩《こくうぞうぼさつ》
真言「ノウボウ・アキャシャキャラバヤ・オン・アリキャ・マリ・ボリ・ソワカ」
【卯年生まれ】文殊菩薩《もんじゅぼさつ》
真言「オン・アラハシャノウ」
【辰・巳年生まれ】普賢菩薩《ふげんぼさつ》

真言「オン・サンマヤ・サトバン」

【午年生まれ】勢至菩薩《せいしぼさつ》

真言「オン・サンザンサク・ソワカ」

【未・申年生まれ】大日如来《だいにちにょらい》

真言「オン・アビラウンケン・バザラ・ダトバン」

【酉年生まれ】不動明王《ふどうみょうおう》

真言「ノウマクサンマンダ・バザラ・ダン・センダ・マカロシャダ・ソワタヤ・ウンタラタ・カンマン」

【戌・亥年生まれ】阿弥陀如来《あみだにょらい》

真言「オン・アミリタ・テイゼイ・カラ・ウン」

まずは、ご自身の守り本尊の真言をお唱えして、ご自身のエネルギーの高まりを感じてみてください。

ちなみに、お寺に行くと、仏像の手前に、それぞれのご真言が書かれていたり、また、守り本尊のお札などが売られていたりすることもあります。

そうしたお札の前で、あるいはお札がなくても、たとえば朝起きたとき、夜寝るとき、いつでもお唱えする。真言の響きで、守り本尊のあたたかいエネルギーにつつまれることでしょう。

私は「言霊《ことだま》」というものを、とても大切に思っています。

「言霊」というのは、言葉が持つとされる霊力で、声に出した言葉は、現実のことに何かしらの影響を与える、というものです。

自分が発している言葉はもちろん、日頃、なにげなく口ずさむ歌にも、実は同じような力があるのです。

私は歌が好きで、カラオケ教室の先生もしていました。歌い方を教えるわけですが、生徒さんたちは、歌うことで気持ちが整理されたり、やるべきことが見えてきたり、と「コーチング的なレッスンになっている」と言ってくださいます。

私がレッスンで重要視しているのは、選曲です。

歌の指導をする前に、その方の声質やリズム感、そして、何よりも、その方の性格に合った歌を選曲いたします。

まずは、自分のいつものレパートリーの中から、10曲程度を選んでいただき、その中の1曲を、集中的に歌っていただきます。ボソボソした感じの歌い方の方には、シャンソンをオススメしたり、「大きな声が出せない」という方には、「遠くの大切な人を何としても助ける！」というイメージで歌うように指導したりします。リズム感がないという人には、語るような歌を選曲します。

そもそもカラオケを、わざわざ練習する人はそうはいないので、つまり、カラオケといえども、それほどまじめに向き合う方たちですから、確実に上達します。

さて、コーチングになっていくのは、次の段階からですが、何曲かを歌っていただくと、その方の過去の恋愛や、日々の生活がなんとなく見えてくるものです。

私は霊能者でもなければ、何か見える体質でもありませんが、歌を通して、その人の性質や生き方、考え方を感じるのです。

ある生徒さんの例でお話ししますと、彼女とカラオケに行くと、とにかく恋愛の手前でストップするような内容の曲ばかりを歌うのです。

そこから自然と恋愛相談になってしまったのですが、大好きな彼に告白する前に、お友達が彼に告白、二人は恋人同士になってしまった、ということがあったそうです。

それがトラウマになって、その後も、素敵だなと思う人に出会っても、なかなか次の一歩を踏み出せないということがわかりました。

それからは、恋がうまくいくハッピーな曲を選んで歌うようにアドバイスしたところ、気持ちが前向きになって、ついに近頃、めでたく結婚されました。

また、ある女性は、息子さんとの関係に悩んでいらっしゃいました。

彼女の選曲は、「過去に戻りたい」とか、遠い昔を懐《なつ》かしむような曲ばかりでした。

よくよく話を聴いてみると、息子さんのことを、前世の恋人の生まれ変わりと思い込んでいるようでした。それでは、家族関係もうまくいきません。

仏教には、輪廻転生の考え方があります。それによって、現世の自分を戒《いまし》めて生きることができると思います。

でも、そのことにとらわれてしまうと、やはり不具合が出るように思うのです。何事も、とらわれることはよくありません。彼女にも、「過去は過去として、いまの関係性に向き合いましょう」とアドバイスしました。そのためには、思いきって歌うことです。これまでの思いを、文字通り、断ち切るように歌いあげて、とらわれていた前世の呪縛と、さよならしていただきました。

あなたは、カラオケで何を歌いますか?

山のようにある曲の中から、人は自分が気になるものを選びます。

そして、それが「言霊」のように、あなたの人生に影響を及ぼすのです。

失恋の歌ばかり歌っていては、素敵な恋には発展しないものです。

日常で使う言葉が、その人をつくります。

歌は、言葉よりももっと威力があるので、明るく前向きな歌詞のものを選曲するようにオススメしています。


あなたが発する言葉は、そのまま自分の人生の光となります。

あなたの発する言葉は、あなた自身をつくり上げます。

ご自身の守り本尊の真言や、大宇宙とつながる「光明真言」を心をこめて唱えるとともに、あなたの日常の言霊を大切にしてください。

「光明真言」とは、正式名称は「不空大灌頂光真言《ふくうだいかんじょうこうしんごん》」。23の梵字、休止符「ウン」を加えると合計24字から成る密教の真言です。

光明真言

「オン・アボキャ・ベイロシャノウ・マカボダラ・マニ・ハンドマ・ジンバラ・ハラバリタヤ・ウン」

第8章

涅《ね》槃《はん》寂《じゃく》静《じょう》

苦のない悟りの境地をめざす

欲だらけの人間になるな

苦空《くくう》の因を済《すく》うは利他なり。

『御請来目録』

自分の利益ばかりを追いかけていると、いつのまにか欲だらけとなって、その果てしない欲により、いつまでも満足できず、結果的に苦しみ、幸せを感じることができなくなるものです。それを救うのは、人に対しての布施《ふせ》の心です。

ほんの小さな布施が、誰かを笑顔にする。その笑顔に出会えたとき、人は互いに幸せになり、真の幸福感を味わうことができるのです。

まわりの人を見ると、あの人はあんな素晴らしい活躍をしている、あんなにたくさんの人を導いていると、私自身少し負い目を感じるときがありました。

「あの人にはできて、私にはできない」

人と比べて落ち込むこともまた、欲から来ています。

自分の不甲斐《ふがい》なさを嘆く前に、まずは、小さな布施をしてみましょう。

いまは、まずは自分がしっかり幸せになり、そして一日のうちにどなたかお一人でも幸せになるような「無財の七施《しちせ》」を楽しんでいます。その小さな小さな布施の心の積み重ねにより、心が穏やかになっていく気がします。

「無財の七施」という言葉は、仏道に興味のある方はよく耳にされると思いますが、私も仏道に進むずっと前から、この教えが大好きでした。

財産がなくても、どなたかの幸せに積極的に貢献できることはたくさんあります。

(1)「眼施《げんせ》」──慈しみの眼差し

優しく人を見つめましょう。私は尼さんになってからは特に、できる限りそのようにしたいなとめざしております。私の尊敬する方々は実に美しい眼差しです。大好きな人を思い浮かべると、その眼差しはとても慈悲深く、逆に、ちょっと苦手だなと思う方のお顔を思い浮かべると、なんとなく意地悪そうな眼差しです。日々の中で、少し意識を変える。眼差しだけでも変える。世の中の人が皆そうしたら、それこそが世界平和へとつながるでしょう。

(2)「和顔施《わがんせ》」──穏やかな顔で接する

弘法寺の管長室には、義母が書いた「温言和顔《おんげんわがん》」という掛け軸があります。これができたらまさに生き菩薩。一日に何度も鏡を見ながら和やかな顔であるかチェックします。お化粧するときも笑顔を確認しながら、起きたときも、寝るときも笑顔チェック。私自身、子どもの頃のコンプレックスを卒業するためには笑顔が、重要なポイントだったなと思います。顔には、見事にその人の心の状態が現れます。和顔の方で不幸な人は見たことがありません。

(3)「愛語施《あいごせ》」――慈愛に満ち溢れた愛ある言葉

言葉は、人を幸せにすることも、また、その人の人生を台無しにしてしまうこともできます。自分が使っている言葉を意識して、見直していきましょう。愛ある美しい言葉の人のまわりには、美しい世界が広がります。

(4)「身施《しんせ》」――誰かのお手伝いをする

私はいろいろな場所で、ボランティアでお手伝いをさせていただくことがあります。自分にできることをするだけですが、このときの大切なポイントは「得意なことだけをする」。苦手なことはしないようにしています。得意なことだけするので、楽しくて楽しくて、「布施」と言いながら、逆に、遊ばせていただいているような気持ちです。また、お手伝いをする中で多くの学びがあり、本当に有り難い時間です。苦手なことは、それを得意とする方にお任せしましょう。「何でも私がやります」となると、人ができることまで奪ってしまいます。

（5）「心施《しんせ》」――ともに喜び、悲しみ、心を寄せる

私の尊敬する先輩の皆さまは本当に心配りと気配り、目配りが半端ないです。しかも恩着せがましくなく、サラリとスマート。バランスが実に見事なのです。「やってます」という感じが出すぎてしまうと、かえって人に気を遣《つか》わせてしまいます。以前おもてなし教室をしておりましたが、おもてなしで最も大切なのは思いやりだと思います。相手を思いやる心を育てましょう。

（6）「床座施《しょうざせ》」――席や地位を譲る

「どうぞ」という優しさ。子どもの頃、バスでお年寄りにお席を譲《ゆず》ると、祖母が「恵理ちゃんはいい子だね」と褒《ほ》めてくれました。いまでもその言葉が耳に残ります。お席を譲り、喜ぶお顔を見て、幸せな気分になります。これもまた相手の方への思いやりです。以前、ある会でスタッフが後ろで、しゃがみこんでいました。私は一瞬、「なんで、こんなところに座るわけ？」と

イラッとしましたが、横にいた娘が、スッと椅子を出す姿を見て反省。スタッフも疲れているのだという思いやりの心に、ハッとさせられました。

(7) 「房舎施《ぼうしゃせ》」――雨露《つゆ》をしのぐ場所を提供する

よく私の家には生徒さんが泊まります。大したおもてなしはできなくても、自分の家のように気楽にくつろいでいただけるのは嬉しいことです。人のためにしているようですが、結果的に自分の心がポカポカになり、豊かな人間関係の輪が広がります。

(1)~(7)までが「無財の七施」です。

すべてを完璧にすることはできなくても、しようとする気持ちを持つのと持たないのでは、大きな差があります。

利他の心で、毎日を過ごしてみましょう。

仏の慈悲は天のごとく

仏の慈悲は天のごとくに覆《おお》い、地のごとくに載《の》す。悲はすなわち苦を抜き、慈は能《よ》く楽を与う。

『性霊集』

仏の慈悲は天のように、すべてを覆い、地のように、すべてを載せます。悲は苦しみを抜くことであり、慈は楽を与えることです。

「抜苦与楽《ばっくよらく》」という言葉が仏教にありますが、仏さまの心は慈悲です。

空海さまは、私たち自身の心は、みな仏心なのだと説いてくださっています。

だからこそ、互いが慈悲をもって接し、平和な世をつくれるのだと諭《さと》してくださっ

ているのです。

20歳のときにコンプレックスが解消され、いまでは、苦しかったはずの私の悩みは、ほんの小さなトゲだったということに気がつきました。

見渡せば、もっともっと大変な方は世の中にたくさんいます。

でも、悩みは人と比べてどうかというものでなく、人から見れば大したことでなくとも、本人にとってはとても大変な苦しみであったりするのです。

また厄介《やっかい》なことに、小さすぎて、気がつかず、でも、そのせいで実は一歩前に踏み出せないということもあります。そのために悩んでいる方々のお話もたくさん聴いてきました。

自分自身がまさに、抜苦与楽的な人生を体験してきましたので、その体験を生かして悩める人々の苦しみのトゲを抜き、いかに人生が楽しいか、背中を押すのが私の天命と思うようになりました。

生きていれば、苦しいことも、たくさんあります。

先日、大切な方がお亡くなりになりました。

悲しく、つらく、親しくおつき合いさせていただいていた私たちでもそうなのですから、ご家族のお気持ちは計りしれません。けれども、誰よりもつらいはずのご家族の皆さまが、気丈に、まわりの方々をなぐさめている。そのお姿は、まさに菩薩のようで、涙が出ました。

大切な方を亡くして、つらいとき。

ただ泣くだけで、お亡くなりになった方は喜ぶでしょうか。

苦しくとも、前を向いて生きようとすること、その人生を全うしようとすることが、何よりもの供養になると、このとき深く学ばせていただきました。

そうした人にこそ、慈悲の心で、そっとそばに寄り添うことが、その人の近くにいる自分ができる、たった一つのことだなと思います。

また、自分自身が病気を抱えていたり、ご家族が病気であることも、本当におつらいと思います。私自身、手術や入院をしましたが、その経験を通して、たくさんの学びがありました。命の尊さを身をもって知ることもできました。

大変な中にも、いいことや幸せも必ず隠れています。

コンプレックスや人間関係など、お悩みを抱えた方もいるでしょう。

あなたの小さなトゲはどこにあるのでしょうか。

そっと取り出してたんぽぽの種のようにふわっと空に飛ばす。これをイメージしてみてください。

もしも、そのトゲが見つからなかったり、抜くことができないときは、ぜひ、お近くのお寺に行ってみてください。

そこにいる僧侶がお話を聴いてくださることもあります。

もしも僧侶に会えなかったとしても、仏さまが、あなたの話を聴いてくださるはずです。

自利、利他の教え

それ釈教は浩汗《こうかん》にして際《きわ》なく涯《はて》なし。
一言にしてこれを蔽《おお》えばただ二利に在り。

『御請来目録』

仏教の教えは広く、深く果てしないものですが、一言でいうなら「自利《じり》」と「利《り》他《た》」の二利に尽きるのだと、空海さまはいわれています。

「自利」とは、「自らを利する」という意味で、仏教では、自己の解脱《げだつ》のために修行することです。「利他」とは、「他の人の利益を図《はか》る」という意味で、人々の救済のために力を尽くすことです。

自分が学んだこと、自分がすることが、他の人の利益にもつながるように努力する。それが仏道に生きる道だと教えているのです。

仏さまには、「如来さま」と「菩薩さま」がいます。

簡単に言えば、如来さまは、悟りを得た仏さまで、菩薩さまは仏さまの悟りを開くために修行しながら、人々をすぐに助けられるよう、あえて世にとどまっているともいわれています。

私のまわりには菩薩のような方々がたくさんいて、毎日、親切にしていただいたり、優しい笑顔を見ると、「わあ！　この人も菩薩さまだ！」と心の中で感動しています。

笑顔の素敵な人は「笑顔菩薩」。

癒やしてくれる人は「癒やし菩薩」。

アナログすぎる私をサポートしてくれる娘は「手助け菩薩」。

おいしいお店には「料理菩薩」。

素晴らしい音楽を演奏する方は「天女菩薩」。

実は一日の中で、気がつくと、たくさんの菩薩さまに囲まれていたんだな、と感謝の気持ちでいっぱいになります。

私もせっかく尼さんになったのですから、菩薩さまのように生きたいなと思います。

たとえばタクシーに乗る、バスに乗る、駅の改札を通る。

そのとき、運転手さん、駅員さんにとって、今日の中でいちばんいいお客さんでいようと思います。別に難しいことはしません。

笑顔で「こんにちは！」「ありがとう」と言うだけのことです。

何かを買うとき、お店でお食事をしたとき、

「ありがとうございます。おいしかったです！」

とニコッと、店員さんや厨房《ちゅうぼう》の中のシェフの一人ひとりに声をかけます。

工事現場を通りすぎるときには、

「こんにちは！　ありがとうございます」

「お疲れ様です」

と声をかけます。

今日の通行人の中で、いちばん素敵な人をめざします。

誰かが困っていたら、ほんの少しお手伝いする。

久々に両親に、ちょこっと電話をしてみる。

ゴミを拾ってみる。

そうすると、自分自身も気分がいいし、相手も気分がよくなり、その気分が水の波紋のように、静かに広がると思うのです。

このときのポイントは、見返りを求めないこと！

「おはようございます」と声をかけたのに、相手がそれにニコッと答えてくれないと、がっかりします。

「親切にしたのに感謝されない」とぼやきたくなりますが、それでは菩薩さまにはなれません。

たとえば、自分の腰が痛いときに手で腰をさする。

そのとき、自分の手は腰から、お礼を言われたいとは思いません。

笑顔の人がまわりに増えれば、私も幸せ。

私が幸せならば、私のまわりの人も幸せなのです。

それが自然と、自利利他の精神を目覚めさせます。

誰かのために何かをする、たとえばボランティアもどなたかのお役に立つ、どなたかを幸せにしたい、誰かのためにしているようで実はそのとき、自分がいちばん成長させていただいているのです。


私は、中学生のときに生徒会長をしていました。

当時は校内暴力で、日本中が荒れていました。ガラス窓は割られ、非常階段に行けば普通にタバコを吸っている生徒がいる。なかなかひどい状況でした。

しかし、私の中学は先生方の考えがとても素晴らしく、ボランティアと畑仕事を通して、見事に不良たちを更生させていました。

お金を出し合い、流山《ながれやま》というところに畑や寝泊まりできる場所を借りて、毎週休みの日だというのに、心ある先生方と、労作をするのです。

また、あるときは施設に行き、障がいのある子どもたちと遊んだり、ごはんを食べたり、かなりヤンチャだった子ほど、活動に熱心でした。

不良になってしまう子どもたちは、実は家庭環境が大変だったり、孤独であったり、そして、エネルギーのある子どもほど、不良になって大暴れ。ならばその子どもたちのエネルギーを、いいほうへと向けようとの活動でした。

不良になる子どもたちも、心根は、みんな優しいのです。

ボランティアをすることで、自分が生きている存在価値を見つけることができる。

「ありがとう」という言葉に、自分たちがもっともっと応えたくなる。

実は誰かのためにしていることは、自分自身の仏の心を磨いていたのです。

生徒会長の立候補演説で、

「みんながそれぞれの特技や特徴を持ち寄り、助け合い、誰かのために何かをする、してあげるというエネルギーでなく、ともに、より良い未来をつくりましょう。ボランティアという言葉そのものがなくなる世界をつくりたい」

と力説したのを思い出します。

いま思うと、壮大な夢を語っていたなと思いますが、その思いは変わっていません。お寺という場所を通して、こうした活動ができるよう、いま少しずつ私の夢は進んでいます。

だから人生は面白く、豊かになる

未だ有らず、一味美膳《びぜん》を作《な》し、片音妙曲《みょうきょく》を調《しら》ぶ者は。

『性霊集』

一つの食材、一つの味付けだけで、おいしい食事はつくれない。また、一つの音だけで、美しい曲を奏《かな》でることができる人もいない。

何種類もの野菜や肉を煮込むことで、スープにコクが出るように、この世の中、その人生は、いろいろな人がいて、いろいろな出来事があってこそ、面白く豊かになるものです。一つのことだけにこだわったり、それ以外を拒《こば》んでいては、「おいしい食事」も「美しい曲」も体験することはできない。
空海さまの言葉は、それを教えてくださっています。

料理教室を主催したり、お客様を招いて料理をお出ししたりするときに、いつも思うことがあります。

料理は、いろいろな味や食材が混ざり合って出来上がります。

また、一つの食材でも少し手を加えたり、下ごしらえをするかしないかで、おいしさも変わります。

鶏肉はスポーツドリンクや、塩麹《こうじ》に浸《ひた》すと肉が柔らかくなります。

手羽などを煮込むときは、ほんの一握りのお米を入れると、肉離れがよくなります。

牛肉は少しサラダ油をまぶし、ニンニクのスライスと揉み込むと、ひとあじ旨味が増します。また、梨をすったものを揉み込むと柔らかくなります。

お魚は、日本酒を下味につけておくと、柔らかく、いい風味になります。

また、食材の組み合わせにより、同じ食材がまったく違う役割をしたりします。

スパイスを効かせたり、クセのあるパクチーなどと組み合わせたりすると、アジアン料理な感じに変化したりします。

盛りつける器や、合わせるお酒などにより、同じお料理も、「ふだんのおかず」から「おもてなし料理」に変化します。


人も同じ。

一人の人間だけでは人生つまらない、味気ないものです。

みんながみんな同じ個性でも、つまらない。

私は人を見ると、

「この人は、肉や魚みたいなメインタイプかな？

この人は前菜タイプかな？　この人はスパイスタイプ？」

などと考え、頭の中で一人遊びをしたりします。

人と人も組み合わせにより、さまざまに変化するから人生もまた面白いのです。

また、持ち味の引き出し方により食材が変化するように、そして、さまざまなスパイスにより味の深みが増すように、人も、せっかくの個性を輝かせなければ、もったいないなと思うのです。

そのように見ると、人それぞれがなかなか面白いし、少しばかりクセのある人を見ても、そんなにイライラしなくてすみますね。

空海さまの教えは、「一人ひとりを大切にしなさい」ということだと思います。

それぞれの個性を、それぞれが認め合えたら、自分も、自分以外のすべての人を尊い存在として向き合うことができたら、人生は薔薇色になるのではないでしょうか。

第9章

即身成仏《そくしんじょうぶつ》

この身このままで仏になる

朝の風が心の塵《ちり》を洗い流す

春の華、秋の菊、笑って我に向えり。
暁《あかつき》の月、朝《あした》の風、情塵《じょうじん》を洗う。

『性霊集』

春に咲きほこる美しい花々、秋に咲く菊は、笑顔で迎えてくれる。
明け方の月や朝の風は、心の塵を洗い流してくれる。
四季はめぐり、明けない夜はない。私たちは、毎日、生まれ変わることができる。
今日がどうでも、明日には洗い流された自分で生きることができる。
空海さまは、それを伝えてくださっています。

空海さまの最も重要な思想に、「即身成仏《そくしんじょうぶつ》」があります。

「即身成仏」は、死んで仏さまになるのではなく、生きて仏になる、つまり仏道を極めるということです。

死んだ後より、いまをどう生きるか。それに集中することが大事だと、空海さまは考えられていたのだと思います。

いま伝えられている空海さまの言葉には、一瞬の生命の輝きを表現されたものが多く見られます。

人間の脳は、実にうまくできています。砂時計の砂が一度に落ちてしまうことはないのと同じように、脳も、一度にたくさんのことを考えることができません。

ずっと思い悩んでいるようなときにも、瞬間瞬間で見れば、それだけに集中してはいられないのです。

クヨクヨと考えていながら、ふと目に入った一輪の花に、つかの間、悩んでいたことを忘れさせられる、ということがあるものです。

ふと見上げた空に、雲の流れに、目も心も奪われるということがあるものです。

「美しいなぁ」と思ったその瞬間もまた、あなたの人生の一ページです。

自分には、つらいことしかない、問題ばかりが起きる、と思うような人生も、瞬間瞬間で切り取ったら、「それだけ」ということはないわけです。

美しいものを見た瞬間、おいしいものを食べた瞬間、お掃除をしてスッキリした瞬間……そうした瞬間瞬間、目の前のことに集中しましょう。心をこめて、その時間を味わいましょう。

人生は、いいことばかりではないでしょう。

ちょっとへこむとき、将来が不安になるとき、私はいつも、今この瞬間に意識を集中させます。

そして、

「いま、いま、いま！　この瞬間を生きる！」

「なるようになる！」

とつぶやきます。

ところで、空海さまの言葉にある「朝」という字は、「十月十日」と書くのだと教えていただいたことがあります。

人は、十月十日、お母さんのお腹で育てられ、この世に生まれます。

「朝」を迎えるというのは、生まれ変わることです。

毎朝が生まれたての、新しい人生の幕開けです。

新しい今が、毎日、始められるのです。

結局、すべては積み重ねです。

いまに集中して、心をこめて、それを味わえば、人生は変わります。

未来はもちろん、過去さえも違ったものになっていきます。

いま、塵を払います。

いま、掃除をします。

いま、からだを洗います。

いま、洗濯をします。

それが過去をきれいにすることにつながります。

実際に、過去の汚れが落ちるのがわかるでしょう。

そして、それは未来の生活を美しくすることにもなります。

いま、目の前の人に微笑みかける。

いま、目の前の人を大切にする。

いま、この瞬間を楽しみながら、目の前の人や事柄に向き合えば、それまで見えていた景色が変わっていきます。


さて、「即身成仏」には「三密」が不可欠だと、密教では教えています。

「三密」とは、次の3つの行為を意味します。

（1）身密《しんみつ》――身体、行動（手に印を結ぶ）
（2）口密《くみつ》――言葉、発言（真言を唱える）
（3）意密《いみつ》――心、考え（心に本尊を観念する）

この三密を整えることが、即身成仏への道だといわれています。

そう言うと、「偉いお坊さんになるつもりはない」という方もいらっしゃるかもしれませんが、仏道のいいところは、普通の生活に生かせるところです。

もともと、仏教やその他の教えは、普通の人のためにあります。

からだを整え、行動を整え、言葉を整え、心を整える。

それが、いまを生きるということです。

いまに生きる人は幸福です。

喜びや悲しみが魂を磨く

一たびは喜び一たびは悲しんで、心魂《しんこん》持《たも》ち難《がた》し。

『性霊集』


人生で喜びや悲しみを体験するほどに、心が磨かれる、魂が磨かれていく。

逆に言えば、喜びや悲しみがなければ、心も、魂も磨かれてはいかないのです。

喜びだけでも、心は磨かれていきません。

悲しみだけでも、魂は磨かれていきません。

ときに喜び、ときに悲しみ、そうしたさまざまなものが溶け合ってこそ、魂は磨かれていくのだということを、空海さまは説かれています。

仏教といえば、蓮の花をイメージされる方も多いでしょう。

私は物心ついたときから、なぜだか、蓮の花への憧れが強く、家にあったらいいのになあ、とずっと思っていました。

中学生の頃は、私は陸上部で、学校の近くにあった東京・上野の不忍池《しのばずのいけ》のまわりを走るのが定番のコースでした。不忍池は蓮の名所で、走りながら、なんとも言えない幸福感に浸っておりました。

蓮の花は「蓮華《れんげ》」ともいい、仏教には、「蓮華の五徳《ごとく》」という教えがあります。「蓮華の五徳」とは、仏教での心のあり方を、蓮の花の五つの特徴にたとえて説明したものです。

五徳の一つひとつは、次の通りです。

(1)「淤泥不染《おでいふぜん》の徳」

蓮は泥の中から美しい花を咲かせます。泥の中から咲くのに、花びらは泥だらけではないということから、どのような環境でも心は清く保つことができる、という教えです。

（2）「一茎一花《いっけいいっか》の徳」

蓮は一つの茎に一つの花を咲かせるとのことから、私は私、というブレない軸をしっかり持ちましょう。

（3）「花果同時《かかどうじ》の徳」

蓮の花は花が咲くと同時に種ができるそうです。生まれたときから、すでに仏の心があるので、それを一生かけて育てましょう。

（4）「一花多果《いっかたか》の徳」

一つの花にたくさんの種ができるように、仏教を学び、その知恵により、たくさんの人々に幸せの種まきをしましょう。

（5）「中虚外直《ちゅうこげちょく》の徳」

蓮の茎は外は硬く、中は空洞です。我欲をなくし、しっかりとまっすぐに仏道を学びましょう。

蓮は、泥の中から茎を伸ばし、花を咲かせます。

私たちの毎日は、きれいなことばかりではありません。

それこそ、泥をかぶるようなこともあったかもしれません。泥をかぶった後には、それまでの苦労が嘘のような喜びを得たこともあったでしょう。その逆も、あったかもしれません。そうした嬉しかったことも、悲しかったことも、すべてひっくるめた体験や経験が、美しい花を育てる「泥」なのではないかなと思います。

泥があってこその、美しい蓮華の花なのです。あなたの人生のすべてが混ざり合い、いつか見事な美しい花を咲かせることでしょう。

世界が果てない限り、願いも尽きることはない

虚空《こくう》尽き、衆生《しゅじょう》尽き、涅槃《ねはん》尽きなば、
我が願いも尽きん。

『性霊集』

「虚空」とは、何もない地上の空間。広い意味で「大空」を指すこともあります。
「衆生」とは、この世の中に生きているすべてのもの。
「涅槃」とは、すべての煩悩をなくした、高い悟りの境地を指します。
それらが尽きない限り、自分の願いも尽きることはない。
空海さまは、そう言っておられるのです。

虚空も衆生も、そして涅槃も、決して尽きることはないものです。

仏道に入る者の本願は、「衆生」の苦悩や迷いを救うことです。

空海さまの心は、いつも私たちのそばにいて見守り、力を与えてくださっている。

それを表したのが、この言葉なのです。


四国お遍路の巡礼のとき、笠に「同行二人」と書きつけることがあります。

「同行二人」は「どうぎょうににん」と読み、これは、たとえ巡礼者が一人であっても、常に弘法大師、空海さまがそばにいるという意味になります。


以前、私は一度だけ、死にたいと思ったことがありました。

顔のあざで悩んでいた頃、剣道部の朝練があり、誰もいない始発電車に乗っていたとき、窓に映る自分の姿に、突然、絶望にも似た感情がふき出しました。

自分の姿が悲しくて、将来が不安で、

「生きていても仕方ない」

「いっそ死んだら楽になる」

そんな考えが打ち消そうとしても消えず、その場で涙が後から後から流れだして、止めることができませんでした。

声も上げず、ただただ泣いていました。

しばらくすると、隣に誰かが座り、

「君の笑顔は素敵だよ。きっと君のご両親や、おじいさん、おばあさんから大切に愛されてきたんだね」

と、なぐさめてくれたのです。

「そうだ、私を大切にしてくれる人を悲しませてはいけない」

私は、ようやく我に返りました。

その方にお礼を言おうと横を見ると、その人は、もう立ち去った後でした。

いいえ、立ち去ったというよりは、消えてしまっていたのです。

あれは、もしかしたら、空海さまではなかったのか。いまの私には、そう思えてなりません。

本当に空海さまかどうかはわかりません。

でも、

「人生の大事な場面では、いつも守ってくれる存在がいる」

と信じることができれば幸せです。

その存在は神仏かもしれないし、人によっては家族やお友達かもしれません。

でも、それが誰であろうと、人は誰でも、誰かに導かれ、守られて、いまを生きている、ということには、変わりがないと思います。

この本を読んでくださっているということは、もしかしたら、空海さまとのご縁があって、そのお導きの賜《たまもの》かもしれません。

命を照らす光は、すべて自分の心にある

遮那《しゃな》は阿誰《だれ》が号《な》ぞ。本《もと》是《こ》れ我が心王《しんのう》なり。

『性霊集』

「遮那」とは、「毘盧《びる》遮那仏」のことで、「大日如来」と同一視されています。

大日如来さまは、仏教の中で宇宙そのものを示す最も重要な存在です。

すべての命を照らす光です。

そして、それは本来、自分自身の心の中にある、というのが、右の空海さまの言葉の意味です。

人は生きていると、しがらみや考え方のクセ、トラウマや見栄、不満、不安などさまざまなものに覆われて、本来の輝きを放《はな》つことができていないのではないでしょうか。

そうした覆いが一つひとつ取り除かれることが悟りであり、なくなればなくなるほど、その人の光は輝くのだと思います。

私の姪は生まれつき難病を抱え、車椅子の生活です。

だんだんと話すことが厳しくなり、「ありがとう」と言うだけでも、言葉が出るまでに、からだ中の力を振り絞らなければなりません。

ところが彼女を見ていると、まわりの人々から愛されていることにいつも感謝して、とても幸せそうに見えるのです。

彼女は、自分が動けないことをつらいとか、悲しいとは思っていないようで、将来に対する不安もまったくないのです。なんだか人なつっこい性格で、人のいいところを見つけるのが上手、そして褒め上手。

会ったときなどは、からだ全体で喜びを表現します。心が純粋だからこそ、相手のことを素直に受けとめられるのです。

そして、言葉の波動も純粋に感じるようで、

「感謝しています」

「お世話になってます」

「ありがとうございます」

「○○さんのおかげです」

「愛してます」

「かわいい」

「きれい」

など、いい言葉をたくさん使います。

言葉がするりと出ない分、からだ中、全力で、それを口にします。

その言葉には魂がこめられています。

出会った人たちも、みんな彼女に会うのが嬉しく、癒やされるようです。

人の悲しみに誰よりも泣き、人の喜びに誰よりも感動の涙を流します。

そして、かなりの恋多き女。

惚れやすいというか、いちいち頭でごちゃごちゃ考えたり、変に相手の気持ちを想像して、見栄を張ったりするようなこともなく、ストレートに、「お兄さん、かっこいい」とか「大好き」と言います。その言葉たちには、彼女の心がそのまま表れているように思います。

恋愛迷子の女子たちにはいつも、「彼女に学びなさいね」と話しているくらいです。

いつも無邪気に恋をして、おいしく食事をして、音楽が流れると歌い、天女の舞のような、独特で見事な踊りを披露し、みんな感動して泣いてしまいます。

これほど人生を謳歌して、人を幸せな気分にしている人は、そうそういないのではないかと思うほどです。

人は何のために生まれたのか、その人がその人らしく素直に生きるとき、その姿はイキイキと美しく、自分も、まわりの人も幸せにつつむ光のエネルギーを輝かせます。

ごちゃごちゃ人間界の常識にとらわれたり、失敗を恐れたり、過去の出来事にクヨクヨしたり、未来の出来事を不安に思ったりせず、彼女のように無邪気に今を生きていきたいものです。

そうすればするほど、天は、安らぎと希望を与えてくださいます。

出典

・『三昧耶戒序』(『秘密三昧耶仏戒儀』序文)
・『性霊集』(『遍照発揮性霊集』)
・『教王経開題』
・『秘蔵宝鑰』(上・中・下巻)
・『吽字義』
・『般若心経秘鍵』
・『御請来目録』
・『宗秘論』
・『文鏡秘府論』

本文の出典からの文章は読み下し文として、送り仮名、句読点を加えて掲載いたしました

参考文献

・空海著、加藤純隆、加藤精一訳『空海「秘蔵宝鑰」』(角川ソフィア文庫)
・空海著、加藤純隆、加藤精一訳『空海「三教指帰」』(角川ソフィア文庫)
・空海著、加藤精一訳『空海「性霊集」抄』(角川ソフィア文庫)
・空海著、加藤精一編『空海「般若心経秘鍵」』(角川ソフィア文庫)
・空海著、加藤精一編『空海「即身成仏義」「声字実相義」「吽字義」』(角川ソフィア文庫)
・近藤尭寛監修『道をひらく 空海の言葉』(リベラル社)
・近藤尭寛監修『くり返し読みたい 空海』(リベラル社)
・村上保壽著『日本人のこころの言葉 空海』(創元社)
・名取芳彦監修『ぶれない心をつくる ポケット空海 道を照らす言葉』(河出書房新社)
・宮下真著、名取芳彦監修『人生が変わる 空海 魂をゆさぶる言葉』(永岡書店)
・静慈圓著『弘法大師空海の金言をひらく 改訂版』(セルバ出版)
・大栗道榮著『人生の悩みが消える 空海の教え』(知的生きかた文庫)
・川辺秀美編訳『空海 人生の言葉』(ディスカヴァー・トゥエンティワン)

おわりに――あたたかい愛につつまれて

ご縁をいただき、お読みいただきました皆さま、ありがとうございます。

この本を書きながら、空海さまとともに、私をずっと支えてくれていたのは、ご先祖さまだったのだなと確信しました。そして両親をはじめ家族や、人生の先輩方、心友たちのおかげで、ここまで来られたのだと思うと、感謝があふれます。

空海さまの言葉を通して、私は、次のことを学びました。

「決して知識や地位を振りかざすのでなく、すべての人を大切にしなさい」

「形ではなく実践しなさい」

「大きなことはしなくとも、小さなことが、やがてはすべてにつながる」
「自分らしく生きなさい」
「自分のお役目を生きなさい」
「家族やご縁のある方を大切にしなさい」
「必ず、未来は明るい」
「あなた自身が宇宙であり、あなたの心の中に仏心はある」

そして、これはそのまま、あなたに伝えたいことです。

「悲しいときには、そっと寄り添い、楽しいときには、ともに幸せを感じる」
「自然がそうであるように、どんな人にも、必ず明るい未来は待っています」
「過去にしばられず、未来に不安を抱かず、いまを味わい尽くしなさい」

１２００年以上の時を超え、言葉という宝を遺してくださいました。

空海さまの言葉を光に、どうか大輪の花を咲かせてください。

「いつもみんなの笑顔が帰ってくる」

「喜びを報告しに来たくなる」

「ともに祈ることのできる」

お寺は、そうした存在であるべきだと思いますが、私自身もそうありたいと願っています。

進むべき道に、光を与え、お導きください。

空海さまのあたたかい愛につつまれて

海　光

最後に。

きずな出版の櫻井秀勲先生、岡村季子社長との不思議なご縁のめぐり合わせで、こうして出版できますこと、感謝の気持ちでいっぱいです。

きずな出版の皆様、管長のお導き、弘法寺の皆様、仏道学院の学友の皆様に、ずっと私を支えてくれている家族に、そして執筆にあたってアナログな私のサポートをしてくれた娘にも、心から感謝申し上げます。ありがとうございました。

小田恵理

小田海光（おだ・かいこう）

本名、小田恵理。1966年東京浅草生まれ。玉川大学文学部芸術学科（油絵）を卒業後、父、深谷隆司（元通産大臣）の秘書を経て、25歳で結婚。一女の母。社会教育家であり、弘法寺管長の夫（小田全宏）のサポートで家に招待したゲストは延べ3万人を超える。おもてなしや料理を教える女性のための勉強会を主催。著書に『心のこもったおもてなしレシピ』『幸せが舞い込む魔法のおもてなし』（大和出版）などがある。55歳で得度。東京・三田にある大本山 弘法寺にて、出会う人に癒やしと安心と希望を与えるべく日々活動している。

大本山 弘法寺 公式ホームページ https://koboji.jp/

癒やされて整う空海さまの教え

2023年4月30日　第1刷発行
2024年9月10日　第2刷発行

著者　小田海光

発行者　櫻井秀勲

発行所　きずな出版
東京都新宿区白銀町1−13
電話03-3260-0391　振替00160-2-633551
https://www.kizuna-pub.jp/

印刷　モリモト印刷

ブックデザイン　鳴田小夜子（KOGUMA OFFICE）

イラストレーション　古谷充子

ISBN978-4-86663-202-5